하나님 말씀과 기도로
거룩하여 짐이라
(딤전 4:5)

맥체인 성경 읽기표

9월

일차	날짜	가정		개인	
244	9/1	삼상25	고전 6	겔 4	시40·41
245	2	삼상26	고전 7	겔 5	시42·43
246	3	삼상27	고전 8	겔 6	시44
247	4	삼상28	고전 9	겔 7	시45·46
248	5	삼상29·30	고전10	겔 8	시47
249	6	삼상31	고전11	겔 9	시48
250	7	삼하 1	고전12	겔10	시49
251	8	삼하 2	고전13	겔11	시50
252	9	삼하 3	고전14	겔12	시51
253	10	삼하4·5	고전15	겔13	시52~54
254	11	삼하 6	고전16	겔14	시55
255	12	삼하 7	고후 1	겔15	시56·57
256	13	삼하8·9	고후 2	겔16	시58·59
257	14	삼하10	고후 3	겔17	시60·61
258	15	삼하11	고후 4	겔18	시62·63
259	16	삼하12	고후 5	겔19	시64·65
260	17	삼하13	고후 6	겔20	시66·67
261	18	삼하14	고후 7	겔21	시68
262	19	삼하15	고후 8	겔22	시69
263	20	삼하16	고후 9	겔23	시70·71
264	21	삼하17	고후10	겔24	시72
265	22	삼하18	고후11	겔25	시73
266	23	삼하19	고후12	겔26	시74
267	24	삼하20	고후13	겔27	시75·76
268	25	삼하21	갈 1	겔28	시77
269	26	삼하22	갈 2	겔29	시78:1~37
270	27	삼하23	갈 3	겔30	시78:38~72
271	28	삼하24	갈 4	겔31	시79
272	29	왕상 1	갈 5	겔32	시80
273	30	왕상 2	갈 6	겔33	시81·82

10월

일차	날짜	가정		개인	
274	10/1	왕상 3	엡 1	겔34	시83·84
275	2	왕상4·5	엡 2	겔35	시85
276	3	왕상 6	엡 3	겔36	시86
277	4	왕상 7	엡 4	겔37	시87·88
278	5	왕상 8	엡 5	겔38	시89
279	6	왕상 9	엡 6	겔39	시90
280	7	왕상10	빌 1	겔40	시91
281	8	왕상11	빌 2	겔41	시92·93
282	9	왕상12	빌 3	겔42	시94
283	10	왕상13	빌 4	겔43	시95·96
284	11	왕상14	골 1	겔44	시97·98
285	12	왕상15	골 2	겔45	시99~101
286	13	왕상16	골 3	겔46	시102
287	14	왕상17	골 4	겔47	시103
288	15	왕상18	살전 1	겔48	시104
289	16	왕상19	살전 2	단 1	시105
290	17	왕상20	살전 3	단 2	시106
291	18	왕상21	살전 4	단 3	시107
292	19	왕상22	살전 5	단 4	시108·109
293	20	왕하 1	살후 1	단 5	시110·111
294	21	왕하 2	살후 2	단 6	시112·113
295	22	왕하 3	살후 3	단 7	시114·115
296	23	왕하 4	딤전 1	단 8	시116
297	24	왕하 5	딤전 2	단 9	시117·118
298	25	왕하 6	딤전 3	단10	시119:1~24
299	26	왕하 7	딤전 4	단11	시119:25~48
300	27	왕하 8	딤전 5	단12	시119:49~72
301	28	왕하 9	딤전 6	호 1	시119:73~96
302	29	왕하10	딤후 1	호 2	시119:97~120
303	30	왕하11·12	딤후 2	호3·4	시119:121~144
304	31	왕하13	딤후 3	호5·6	시119:145~176

11월

page	날짜	가정		개인	
305	11/1	왕하14	딤후4	호 7	시120~122
306	2	왕하15	딛 1	호 8	시123~125
307	3	왕하16	딛 2	호 9	시126~128
308	4	왕하17	딛 3	호10	시129~131
309	5	왕하18	몬 1	호11	시132~134
310	6	왕하19	히 1	호12	시135·136
311	7	왕하20	히 2	호13	시137·138
312	8	왕하21	히 3	호14	시139
313	9	왕하22	히 4	욜 1	시140·141
314	10	왕하23	히 5	욜 2	시142
315	11	왕하24	히 6	욜 3	시143
316	12	왕하25	히 7	암 1	시144
317	13	대상1·2	히 8	암 2	시145
318	14	대상3·4	히 9	암 3	시146·147
319	15	대상5·6	히10	암 4	시148·150
320	16	대상7·8	히11	암 5	눅1:1~38
321	17	대상9·10	히12	암 6	눅1:39~80
322	18	대상11·12	히13	암 7	눅 2
323	19	대상13·14	약 1	암 8	눅 3
324	20	대상15	약 2	암 9	눅 4
325	21	대상16	약 3	옵 1	눅 5
326	22	대상17	약 4	욘 1	눅 6
327	23	대상18	약 5	욘 2	눅 7
328	24	대상19·20	벧전1	욘 3	눅 8
329	25	대상21	벧전2	욘 4	눅 9
330	26	대상22	벧전3	미 1	눅10
331	27	대상23	벧전4	미 2	눅11
332	28	대상24·25	벧전5	미 3	눅12
333	29	대상26·27	벧후1	미 4	눅13
334	30	대상28	벧후2	미 5	눅14

12월

page	날짜	가정		개인	
335	12/1	대상29	벧후3	미 6	눅15
336	2	대하 1	요일 1	미 7	눅16
337	3	대하 2	요일 2	나 1	눅17
338	4	대하3·4	요일 3	나 2	눅18
339	5	대하5·6:1~11	요일 4	나 3	눅19
340	6	대하6:12~42	요일 5	합 1	눅20
341	7	대하 7	요이 1	합 2	눅21
342	8	대하 8	요삼 1	합 3	눅22
343	9	대하 9	유 1	습 1	눅23
344	10	대하10	계 1	습 2	눅24
345	11	대하11·12	계 2	습 3	요 1
346	12	대하13	계 3	학 1	요 2
347	13	대하14·15	계 4	학 2	요 3
348	14	대하16	계 5	슥 1	요 4
349	15	대하17	계 6	슥 2	요 5
350	16	대하18	계 7	슥 3	요 6
351	17	대하19·20	계 8	슥 4	요 7
352	18	대하21	계 9	슥 5	요 8
353	19	대하22·23	계10	슥 6	요 9
354	20	대하24	계11	슥 7	요10
355	21	대하25	계12	슥 8	요11
356	22	대하26	계13	슥 9	요12
357	23	대하27·28	계14	슥10	요13
358	24	대하29	계15	슥11	요14
359	25	대하30	계16	슥12·13:1	요15
360	26	대하31	계17	슥13:2~9	요16
361	27	대하32	계18	슥14	요17
362	28	대하33	계19	말 1	요18
363	29	대하34	계20	말 2	요19
364	30	대하35	계21	말 3	요20
365	31	대하36	계22	말 4	요21

맥체인 QT 가이드

01 사도신경 오늘의 찬양

신앙고백으로 마음을 정돈하고, 오늘의 찬양으로 마음의 준비를 하세요.

02 핵심주제

그날의 핵심주제를 기억하며 본문으로 들어갑니다.

03 본문읽기

네 본문의 소제목을 기억하면서 본문을 정독으로 읽으세요.
- 반복되는 단어, 유사한 단어, 반대되는 단어를 기억하면서...
- 나에게 주시는 동일한 핵심 단어를 4책에서 찾아 기록해 보세요.

04 말씀연결

본문의 내용을 떠올리며 단어나 문장을 연결하며 다시 한번 정독으로 읽으세요.

05 말씀암송

주어진 시간안에서 말씀을 기억하세요. (괄호 채우기를 권해 드립니다.) 1년 365요절을 암송합니다.

06 말씀묵상

하나님이 나에게 주시는 말씀을 다시 한번 묵상해 보세요.

07 말씀적용

묵상을 통해 주신 말씀에 순종하며, 오늘 내가 할수 있는 일을 구체적으로 기록해 보세요.

08 감사기도

감사가 사라지고 있는 이 시대.. 하루에 3가지(믿음, 소망, 사랑)의 감사하는 마음을 담아 기록하여 보세요. 감사는 또 다른 감사를 만들어 줍니다.

09 말씀기도

오늘 내게 주신 말씀에 순종 할 수 있도록 하나님께 기도를 드립니다.

▶나눔 (하브루타 토론식)◀

교회 소그룹에 활용시 (09)말씀기도 전에
『하브루타 토론식』으로 서로의 의견을 말하고 생각을 공유해 보세요.
맥체인QT집으로 묵상을 하시면
같은 말씀이라도 하나님의 주신 말씀이 다양한 방향과 방법으로
대화의 나눔의 장을 만들어 드릴것입니다.

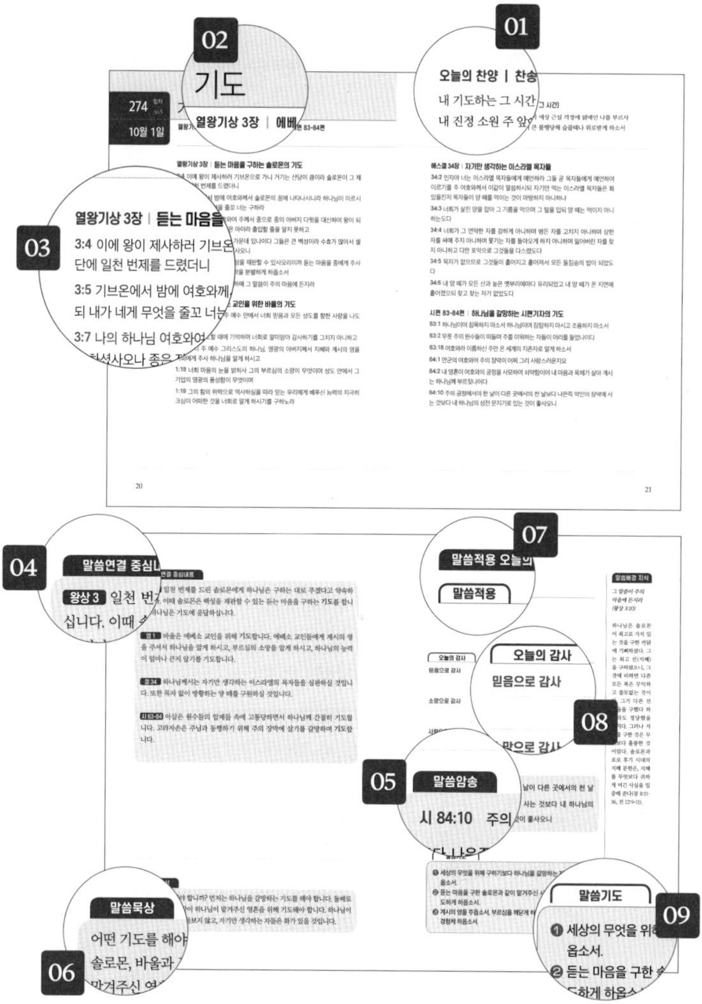

맥체인 성경읽기는
말씀에서 길을 찾고 기도로 힘을 얻는다

● 나의 맥체인 성경읽기를 공개합니다.

① 먼저 기도하고 찬양으로 마음을 준비합니다.

② 성경읽기표에 따른 네 본문에 제시된 주제를 통해 중심 단어를 생각합니다.

③ 네 성경 본문을 순서대로 천천히 읽습니다. (주요 요절이나 단어에 밑줄이나 표기를 합니다.)

④ 우선 두 성경 본문에서 주제와 일치하는 내용이나 반복되는 단어나 유사한 문맥을 찾아 서로 연결해 봅니다.

⑤ 본문에서 반대되는 내용이나 같은 뜻을 가진 단어나 문장 문맥을 찾아봅니다.

⑥ 이렇게 연결되는 본문을 나머지 다른 두 권으로 확대하여, 네 권 전체에 흐르는 하나님의 뜻을 발견하고, 그 내용을 적어봅니다. (나에게 주시는 말씀)

⑦ 네 성경 본문을 한 주제로 연결하도록(Word Link) 깊은 묵상을 합니다.

⑧ 나아가 본문에서 지도자나 인도자로부터 배운 신학 주제나 교리들이 함축하고 있는 문맥이나 내용의 짝을 찾아봅니다.

⑨ 삶에 적용할 항목들을 적어보고 실천함으로써 놀라운 변화를 경험해 봅니다. 매일 묵상할 때마다 다른 감동을 경험할 수 있습니다.

⑩ 마지막으로 하나님이 오늘 나에게 주신 말씀을 통하여 가르침, 명령과 약속과 권면, 경고 및 행해야 할 일들을 적어보고, 하나님과 대화하는 마음으로 묵상하고, 말씀기도로 성경읽기를 마무리합니다.

※ 독자들의(맥체인큐티, MQ) 다양한 원고를 기다립니다. 공동체의 성경읽기가 습관화 되어지도록 말씀묵상, 말씀적용, 감사기도의 은혜를 독자들과 나눌 수 있도록 사연을 기다립니다. 지면을 통하여 함께 은혜 나누기를 소망합니다. 채택되신 분들에게는 감사의 마음을 담아 선교횃불 도서를 선물로 보내드립니다. (이메일 : ccm2you@gmail.com)

전교인 작정새벽 말씀읽기
맥체인성경 말씀으로 돌아가기

1. 로버트 머리 맥체인(Robert Murray M'Cheyne) 목사는?

19세기 스코틀랜드 역사에서 가장 경건한 목회자로 꼽히는 로버트 머리 맥체인은 1813년 5월 21일 스코틀랜드 에든버러 더블린 가에서 5남매 중 막내로 태어났습니다. 에든버러 대학교에서 수학하여 23세에 목사 안수를 받고, 1835년부터 1838년까지 라버트 교구와 두니페이스 교구에서 존 보나(John Bonar)의 조수로 섬겼습니다. 그 뒤, 던디의 성 베드로 교회에서 하나님과 모든 영혼을 사랑하는 목사로 섬기다 1843년 3월 25일, 29세의 짧은 나이에 발진티푸스로 하늘의 부르심을 받았습니다.

맥체인은 시인이기도 했으며, 많은 저서를 남겼습니다. 그는 신앙심이 깊은 사람이었으며 기도의 사람이었습니다. 맥체인의 경건한 삶과 사역의 결과물들은 맥체인의 벗이 낸 회고록이나 후대 믿음의 후배들이 내는 전기를 통해 전해지고 있습니다. 이처럼 이 땅에서 맥체인의 삶은 짧았을지라도, 맥체인이 뜨겁게 전했던 그리스도에게로 초대하는 구원의 외침은 아직도 살아서 널리 울려 퍼지고 있습니다.

① 1836년, 스코틀랜드 성베드로교회 로버트 머레이 맥체인목사가 성경읽기표를 만듦(14세 때 애든버러대학에서 고전문학을 공부. 형의 죽음으로 신앙과 말씀에 집중. 성도를 위해 성경읽기표를 만듦)

② 80세 노인의 고백,"내 평생에 가장 행복한 나날을 보내고 있습니다"

③ 영향받은 목회자: 마틴 로이드존스(54년간 사용), 존 스토트

④ 1813년~1843년

⑤ 경건한 목회자, 성실한 목회자, 현명한 목회자

⑥ 주변에 있는 훌륭한 목회자에게 조언을 듣는 목회자

⑦ 선교사업에 지대한 관심을 갖은 목회자

⑧ 유대인 선교를 위해 바울처럼 유럽과 팔레스타인을 오랫 방문한 목회자

⑨ 서정적이고 시적인 재능

⑩ 자비롭고 쾌활한 성품

시대순이 아닌 내용을 중심으로 하는 정독성경이다.

구약 1회, 시편 2회, 신약 2회를 정독하는 성경이다.

각자 다른 성경책(장)의 배경 속에서 문학적 배경을 파악한다.

2. 맥체인 성경읽기란?

맥체인 성경읽기표는 1842년 맥체인이 자신이 목양하던 성 베드로 교회 성도들의 영적 성장을 위해 개발한 것으로, 매일 구약과 신약을 각각 2장씩 읽음으로써 1년에 구약 1회, 신약과 시편을 각 2회 정독할 수 있도록 만든 표입니다.

이와 같은 맥체인의 방법에 따라 신구약 성경 전체를 골고루 4등분해서 동시에 읽으면, 성경에 기록된 장구한 구속사를 크게 네 시대로 나누어 동시에 묵상할 수 있습니다.

각각의 시대마다 하나님께서는 하나님이 세우신 사람들과 언약을 맺으셨고, 그 언약을 완성하셨습니다. 그리고 이 시대들은 서로 씨줄과 날줄이 되어 하나님의 구속사를 완성하는 완벽한 하모니를 이루고 있습니다.

때로는 시대별로, 때로는 거시적인 안목에서 구속사 전체를 한 번에 아우르게 합니다. 그렇기에 남녀노소, 교회의 직분을 무론하고, 누구나 맥체인 성경읽기표를 따라 성경을 읽으면, 성경에 대한 명쾌한 이해와 함께 하나님께서 감춰두신 구속의 보화를 찾는 기쁨을 누릴 수 있습니다.

또한 이를 통해 성경의 맥을 보다 쉽게 잡을 수 있습니다. 이렇게 하나님의 계시

목적에 평행선을 그으며 따라가는 것은 맥체인 성경읽기표만의 독특한 방식입니다.

성경을 읽다가 중간에 빠뜨린 부분이 있더라도 포기하지 말고, 그날의 날짜에 맞추어 읽는 것이 좋습니다. 이런 습관은 해가 거듭되더라도 반복적으로 성경을 통독할 수 있게 해 주기 때문입니다.

"또 어려서부터 성경을 알았나니 성경은 능히 너로 하여금 그리스도 예수 안에 있는 믿음으로 말미암아 구원에 이르는 지혜가 있게 하느니라. 모든 성경은 하나님의 감동으로 된 것으로 교훈과 책망과 바르게 함과 의로 교육하기에 유익하니 이는 하나님의 사람으로 온전하게 하며 모든 선한 일을 행할 능력을 갖추게 하려 함이라."(딤후 3:15-17)

3. 맥체인 목사가 직접 이야기하는 맥체인 성경읽기

맥체인 목사는 1842년 12월 30일 송구영신 예배 시간에 자신의 교회 교인들에게 맥체인 성경읽기표에 대해서 다음과 같이 설명해주었습니다. 맥체인 목사가 직접 이야기하는 맥체인 성경읽기를 통해 우리는 맥체인 성경읽기에 대해 보다 많은 이해를 할 수 있을 것입니다. (이 설교가 끝난 후 그는 교인들에게 성경읽기표를 나누어 주었습니다.)

[설교 본문: 시편 119편 40절]

"내가 주의 법도들을 사모하였사오니 주의 의로 나를 살아나게 하소서"

사랑하는 성도 여러분, 새해가 다가오니 제 마음 속에 여러분의 구원과 구원받은 분들의 영적 성장에 대한 새로운 열망이 생깁니다.

"내가 예수 그리스도의 심장으로 너희 무리를 얼마나 사모하는지 하나님이 내 증인이시니라" (빌 1:8).

다가오는 새해에는 어떤 일이 일어날지 그 누가 알겠습니까? 모든 선한 사람은 분명 이 땅에 다가오는 놀라운 심판의 역사를 예견하며 영혼에 부담감을 느낍니다. 이제 이와 같은 엄숙한 질문을 던져야 할 때입니다.

"만일 네가 보행자와 함께 달려도 피곤하면 어찌 능히 말과 경주하겠느냐 네가 평안한 땅에서는 무사하려니와 요단 강 물이 넘칠 때에는 어찌하겠느냐" (렘 12:5).

자기 자신이나 피조물이 아니라 우리의 의이신 여호와를 의지하는 성도들은 굳게 설 것입니다. 우리가 악한 날에 굳게 서려면 성경 말씀과 은혜의 보좌에 더 집중해야 합니다. 그러면 우리는 다윗처럼 이렇게 말할 수 있을 것입니다.

"교만한 자들이 나를 심히 조롱하였어도 나는 주의 법을 떠나지 아니하였나이다" (시 119:51).

"고관들이 거짓으로 나를 핍박하오나 나의 마음은 주의 말씀만 경외하나이다" (시 119:161).

저는 마음속으로 오랫동안 성경읽기 계획표를 만들 생각을 해 왔습니다. 하나님이 같은 소원을 주신 이들은 다 제 생각에 동의할 것입니다. 그래서 성경 전체를 1년에 한번 통독하고, 모든 성도가 동시에 같은 푸른 초장에서 꼴을 먹을 수 있도록 계획을 짰습니다. 그런데 이 계획에는 다음과 같은 주의해야 할 점이 있습니다.

[주의할 점]

형식으로 읽지 말라

우리는 너무나 연약한 피조물이어서 어떤 의무든 규칙적으로 반복하면 타성적인 형태로 전락하기 쉽습니다. 일정한 규칙에 따라 말씀을 읽는 어떤 사람들에게는 이렇게 형식적인 신앙생활을 낳는 경향이 있습니다. 이것은 말세에 두드러진 죄가 될 것입니다. "경건의 모양은 있으나 경건의 능력은 부인하니 이같은 자들에게서 네가 돌아서라" (딤후 3:5). 이 점을 주의하십시오. 이 읽기표 때문에 여러분의 영혼이 무디어질 것 같으면 차라리 이 표를 없애 버리십시오.

분량 채우는 것으로 만족하지 말라

어떤 이들은 말씀을 읽기 위해 시간을 정하고 정해진 분량을 다 읽고 나면 자기 자신을 만족스런 눈으로 바라보는 유혹에 빠지기가 쉽습니다. 확신컨대 많은 이가 영혼에 아무런 하나님의 역사를 체험하지 못한 채 살아가고 있습니다. 용서받지 못하고, 성화되지도 않고, 멸망을 눈앞에 둔 채 말입니다. 그들은 그러면서도 개인적으로나 가족과 함께 정해진 경건 시간을 보냅니다. 이런 사람은 오른손에 거짓 것을 들고(사 44:20) 지옥으로 향하는 사람입니다.

아무렇게나 건성으로 읽지 말라

하나님의 말씀에 두려워 떠는 사람이 별로 없습니다. 말씀을 읽는 동안에도 위엄으로 가득찬 여호와의 음성을 듣는 이가 별로 없습니다. 이스라엘 백성들은 매일 먹는 만나에 대해 "백성이 하나님과 모세를 향하여 원망하되 어찌하여 우리를 애굽에서 인도해 내어 이 광야에서 죽게 하는가 이 곳에는 먹을 것도 없고 물도 없도다 우리 마음이 이 하찮은 음식을 싫어하노라 하매" (민 21:5)고 불평했습니다. 마찬가지로 어떤 이들은 많은 분량의 말씀을 읽다가 말씀 읽기에 싫증이 나서 말씀을 아무렇게나 건성으로 읽으려는 유혹에 빠지기 쉽습니다. 이런 일은 하나님의 진노를 불러일으킬 것입니다. 이 말씀이 여러분에게 해당되지 않도록 주의하십시오. "만군의 여호와가 이르노라 너희가 또 말하기를 이 일이 얼마나 번거로운고 하며 코웃음치고 훔친 물건과 저는 것, 병든 것을 가져왔느니라 너희가 이같이 봉헌물을 가져오니 내가 그것을 너희 손에서 받겠느냐 이는 여호와의 말이니라" (말 1:13).

의무감으로 억지로 읽지 말라

어떤 이들은 한동안 말씀을 잘 읽지만 나중에는 말씀 읽는 일이 감당하기 벅찬 부담감으로 느껴집니다. 그들은 하늘의 양식을 전혀 맛보지 못하고 양심에 질질 끌려 억지로 정해진 의무를 행합니다. 만일 어떤 성도든 이런 경우에 해당된다면, 차

라리 이 족쇄를 던져 버리고 하나님의 아름다운 정원에서 마음껏 꼴을 먹으십시오. 제가 바라는 것은 여러분에게 덫을 놓는 것이 아니라 여러분이 기쁨을 맛보도록 돕는 것입니다.

이렇게 주의할 점이 많은데 이런 읽기표를 만든 목적이 대체 무엇일까요? 이 질문에 저는 이렇게 대답하겠습니다. 가장 좋은 일에는 언제나 위험이 따르는 법입니다. 위험한 절벽 틈에 가장 아름다운 꽃들이 피어 있는 것처럼 말입니다. 그러면 이 읽기표의 장점을 살펴보겠습니다.

첫째, 성경 전체를 1년 동안 정독할 수 있습니다.

모든 성경은 하나님의 감동으로 된 것이기 때문에 어느 한 부분이 더 중요하고 덜 중요한 곳이 없습니다. 성경 전체를 읽어나가는 것은 하나님의 구속사의 전체 의도를 알아가는 데 꼭 필요한 일입니다. 맥체인 성경 읽기를 따라가다 보면 구약은 한 번, 신약과 시편은 두 번 읽게 됩니다.

둘째, 성경의 네 가지 본문을 동시에 보는 안목을 기르게 됩니다.

맥체인 성경 읽기는 성경 전체를 4시대 구분으로 나누어 하루에 4장씩 읽어 나갑니다. 매일 구약에서 두 장, 신약에서 두 장을 읽는 것입니다. 이는 하나님의 구속의 역사를 네 시대로 나누어 동시에 묵상할 수 있는 탁월한 구조입니다.

셋째, 성경의 주인이 하나님이심을 알게 됩니다.

기존 성경 읽기는 역사 중심, 인물 중심으로 진행됩니다. 그래서 사람이 중심이 되는 성경 읽기가 될 수도 있습니다. 맥체인 성경 읽기는 신구약 4장을 읽으면서 공통적으로 흐르는 통일주제와 개별주제의 주인공이 하나님임을 알게 됩니다.

넷째, 어느 부분을 읽을지 고민하지 않습니다.

막상 성경을 펼쳐서 앞에서부터 읽어가다보면 레위기쯤 와서는 진도가 잘 나가지 않습니다. 그래서 뛰어넘고 다른 곳으로 가고자 하는 유혹을 받게 됩니다. 맥체인 성경 읽기는 좋은 성경 교사가 옆에서 자상하게 '오늘은 여기 읽어야죠'하고 들려주는 음성과 같습니다. 한 권을 다 읽고 또 다른 책으로 넘어가는 것이 아니라 지루하지 않게, 힘든 부분과 쉽게 이해되는 부분이 골고루 섞여 있는 종합 비타민 같은 책입니다.

다섯째, 교회의 전 성도가 어디를 읽는지 알 수 있습니다.

이 부분은 특별히 목회자들에게 특히 유용한 부분입니다. 교회 전 성도가 맥체인 성경 읽기로 성경을 읽어나가면 우리교회 성도들이 오늘 어디를 읽는지 분명히 알게 됩니다. 그래서 거기에 맞는 권면과 신앙의 조언을 해 줄 수 있고 전체 목회 그림을 그려나가는데 도움이 됩니다.

여섯째, SNS로 같은 본문의 은혜 나눔이 가능합니다.

교회마다 리더들을 중심으로 연결된 다양한 SNS방들이 있습니다. 기존의 은혜 나눔방들은 각자 자신이 읽은 본문으로 은혜를 나누기 때문에 성경 본문을 같이 묵상하지 않고 표면적인 은혜 나눔만 일어날 수 있습니다. 하지만 대화방으로 연결된 성도들끼리 오늘 분량의 매체인 성경 읽기 본문을 가지고 묵상과 은혜를 나누게 되니 같은 본문 말씀에 입각한 나눔이 가능합니다.

일곱째, 새벽기도때 설교를 듣고 매일 읽어 나갈 수 있습니다.

전교인 새벽 기도를 맥체인 성경 읽기로 진행한다면 매년 전 성도가 성경을 일년일독(신약, 시편 2독)하는 교회를 만들어 갈 수 있습니다. 성도들은 오늘자 맥체인 본문 설교를 듣고 그 배경지식 하에 각자 성경을 읽어나가니 더더욱 풍성한 성경 이해와 하나님 구속사의 역사를 체험할 수 있습니다.

4. 마틴로이드 존스와 존 스토트가 사랑했던 맥체인 성경읽기

맥체인 성경읽기표의 유익을 발견하고 평생 사용했던 대표적인 사람으로는 20세기의 대표적인 복음주의 설교가요 목회자인 마틴 로이드 존스 목사(1899-1981)와 존 스토트 목사(1921-2011)가 있습니다.

① 존 스토트

2011년 7월 27일 소천한 존 스토트 목사의 탁월한 균형감각은 체계적인 성경읽기에서 나왔습니다. 그는 세계교회협의회(WCC) 가맹교단인 영국성공회 소속이었지만 복음주의 노선을 평생 견지했습니다. 복음주의자이면서도 기독교의 사회적 책임을 소홀히 여기지 않았던 그는 자신의 저서 『기독교의 기본진리(Basic Christianity)』에서 "균형잡힌 신앙은 말씀과 기도의 균형에서 나온다. 이를 위해서는 성경 읽기가 필수이다"라고 밝히고 있습니다. 실제로 그는 1970년대 마틴 로이드 존스 목사로부터 맥체인 성경읽기표를 소개받고 평생 체계적인 성경 읽기를 실천했습니다.

존 스토트 목사는 평소 맥체인 성경읽기표에 대해 "성경 한편을 계속 읽어 내려갈 때 생기는 지루함을 방지해주는 좋은 성경읽기 방식이다. 성경 전체를 체계적이고 균형감 있게 알아야 하는 목회자들과 평신도 지도자들에게 강력히 추천한다"고 했습니다. 그는 또 "성경을 읽는 방법에는 여러 가지가 있지만 천천히, 묵상하고 생각하며 읽어야 한다. 구절의 뜻이 명확해질 때까지 한 구절 한 구절을 읽고 또 읽어야 한다"고 조언했습니다.

평생 맥체인 성경읽기를 사랑하고 실천했던 존 스토트 목사는 맥체인 성경읽기에 대해 다음과 같이 말했습니다.

"개인적으로 나는 전에 웨스트민스터 채플 목사였던 마틴 로이드 존스 박사께서 20년 전쯤 로버트 맥체인의 성경읽기표를 나에게 소개해 준 것에 감사하고 있습니다. 맥체인이 그것을 만들어 낸 것은 1842년 당시 자기가 섬기고 있던 스코틀랜드 던디의 성 베드로 교회 교인을 위해서였습니다. 이것에 따르면 매년 성경 전체를 구약은 한 번씩, 신약은 두 번씩 읽을 수 있습니다. 나는 로이드존스 박사가 『목사와 설교』에서 말한 다음의 내용을 전적으로 동의합니다. '모든 설교자는 적어도 일 년에 한 번씩은 성경 전체를 완전히 통독해야 합니다. …그것은 설교자가 성경을 읽어야 할 최소의 분량입니다.'

맥체인의 성경읽기표는 매일 네 장을 읽도록 배열되어 있습니다. 당시는 평온한 빅토리아 시대였기 때문에 그의 의도는 날마다 개인 경건 시간에 두 장(아침과 저녁) 및 가족기도회에서 두 장(역시 아침과 저녁)을 읽게 하려는 것이었습니다. 나 자신의 습관으로는 오히려 아침에 세 장 -가능하면 두 장은 읽고 세 번째 장은 연구를 하며- 넷째 장은 저녁을 위해서 남겨둡니다.

맥체인이 생각해 낸 성경읽기 방식에 있어서 특히 도움이 되는 것은 장을 할당하는 방식입니다. 그것은 1월 1일, 창세기 1-4장에서 시작하여, 1월 2일에는 창세기 5-8장, 1월 3일에는 창세기9-12장으로 계속되는 방식이 아닙니다. 그보다는 새해 첫 날의 말씀은 성경에 나오는 네 가지 위대한 시초, 즉 창세기 1장(창조의 시작), 에스라 1장(민족의 갱생), 마태복음 1장(그리스도의 탄생), 사도행전 1장(기독교회의 탄생)으로 시작됩니다. 이렇게 하나님의 계시 목적에 평행선을 그으며 따라가는 것입니다. 어느 날에는 족장, 에스더, 예수님의 사역, 바울의 여행에 대해 읽을 것이고, 다른 날에는 왕정의 성쇠를 추적하고, 예언자의 예언 메시지에 귀를 기울이며, 요한이 그리는 예수님의 모습을 보고, 요한계시록에 의해 드러나는 미래를 응시하고 있을 것입니다. 내게 있어서 기복이 심한 성경의 전체를 개관하며, 그 기저에 깔려 있고 반복되어 나타나는 주제를 파악하는 데 이보다 더 도움이 되는 것은 없었습니다."

-(존 스토트, 『현대교회와 설교』283-284쪽)

② 마틴 로이드 존스

존 스토트 목사에게 맥체인 성경읽기를 추천했던 마틴 로이드 존스 목사도 50여 년을 맥체인 성경읽기표에 따라 성경을 읽었던 분이었습니다. 로이드 존스 목사의 딸인 엘리자베스 케서우드의 증언에 따르면, 로이드 존스 목사는 평생 동안 구약은 최소 50회, 신약은 최소 110회 이상 통독했다고 합니다. 그 힘은 바로 맥체인 성경읽기에서 비롯되었습니다.

5. 맥체인 성경 365의 특징과 장점

맥체인 성경365의 장점은 QT와 통독을 하나로 통합해준다는 것입니다.

맥체인 성경365로 성경을 읽고 묵상하면

- 매일 성경을 읽도록 해줍니다.
- 매일 체계적이고 규칙적으로 성경을 읽도록 도와줍니다.
- 매일 성경 읽기(20분)에 적당한 분량입니다.
- 매일 구약과 신약의 각 부분을 골고루 읽도록 해줍니다.
- 1년에 구약 1독, 신약과 시편 2독을 할 수 있습니다.
- QT와 성경읽기를 하나로! 이제 QT와 통독을 따로 할 필요가 없습니다.
- 구약과 신약(시편)이 짝을 이뤄 구속사를 한눈에 살펴볼 수 있습니다.
- 말씀의 다채로움을 만끽하며 더 넓고 깊은 하나님의 생각을 발견하게 됩니다.
- 하나로 관통하는 하나님의 생각을 찾아내 더 깊은 영적 성숙을 도와줍니다.

6. 맥체인 성경읽기에 실패하지 않으려면?

영혼의 양식이요 영적 성숙의 원천이 되는 성경, 누구나 많이 읽고, 깊이 묵상하기를 원합니다. 하지만 막상 성경 통독을 시작하려고 해도 쉽지 않고, 끝내기는 더욱 쉽지 않습니다. 맥체인 성경읽기를 통해 성경을 통독하고, 매일 매일의 말씀묵상에 실패하지 않으려면, 맥체인 성경읽기표를 따라 다음과 같은 방법으로 성경을 읽으십시오.

① 매일 성경을 읽겠다는 결심을 하십시오.
② 성경을 읽는 구별된 시간을 확보하십시오.
③ 성경읽기표를 따라 매일 구별된 시간에 읽으십시오.
④ 가정예배와 교회 공동체에서 함께 성경읽기표를 따라 읽어나가면 좋습니다.
⑤ 너무 완벽하게 읽으려고 하지 마시고, 먼저 성경을 읽는다는 자체에 우선하십시오.
⑥ 빠뜨린 날이 있더라도 오늘 내가 읽어야 할 날짜의 읽기에 집중하십시오.
⑦ 빠뜨린 부분이 있더라도 집착하거나 포기하지 마시고 오늘 날짜부터 다시 시작하십시오.

한국교회의 성도님들께서 맥체인 성경 읽기를 통해 구속사의 주인이신 하나님을 매일 만나는 은혜의 경험을 하여 신앙의 성숙이 일어나시기를 간절히 기도드립니다.

기도

열왕기상 3장 | 에베소서 1장 | 에스겔 34장 | 시편 83-84편

열왕기상 3장 | 듣는 마음을 구하는 솔로몬의 기도

3:4 이에 왕이 제사하러 기브온으로 가니 거기는 산당이 큼이라 솔로몬이 그 제단에 일천 번제를 드렸더니

3:5 기브온에서 밤에 여호와께서 솔로몬의 꿈에 나타나시니라 하나님이 이르시되 내가 네게 무엇을 줄꼬 너는 구하라

3:7 나의 하나님 여호와여 주께서 종으로 종의 아버지 다윗을 대신하여 왕이 되게 하셨사오나 종은 작은 아이라 출입할 줄을 알지 못하고

3:8 주께서 택하신 백성 가운데 있나이다 그들은 큰 백성이라 수효가 많아서 셀 수도 없고 기록할 수도 없사오니

3:9 누가 주의 이 많은 백성을 재판할 수 있사오리이까 듣는 마음을 종에게 주사 주의 백성을 재판하여 선악을 분별하게 하옵소서

3:10 솔로몬이 이것을 구하매 그 말씀이 주의 마음에 든지라

에베소서 1장 | 에베소 교인을 위한 바울의 기도

1:15 이로 말미암아 주 예수 안에서 너희 믿음과 모든 성도를 향한 사랑을 나도 듣고

1:16 내가 기도할 때에 기억하며 너희로 말미암아 감사하기를 그치지 아니하고

1:17 우리 주 예수 그리스도의 하나님, 영광의 아버지께서 지혜와 계시의 영을 너희에게 주사 하나님을 알게 하시고

1:18 너희 마음의 눈을 밝히사 그의 부르심의 소망이 무엇이며 성도 안에서 그 기업의 영광의 풍성함이 무엇이며

1:19 그의 힘의 위력으로 역사하심을 따라 믿는 우리에게 베푸신 능력의 지극히 크심이 어떠한 것을 너희로 알게 하시기를 구하노라

오늘의 찬양 | 찬송가 364장 (내 기도하는 그 시간)

내 기도하는 그 시간 그 때가 가장 즐겁다 이 세상 근심 걱정에 얽매인 나를 부르사
내 진정 소원 주 앞에 낱낱이 바로 아뢰어 큰 불행당해 슬플때나 위로받게 하소서

에스겔 34장 | 자기만 생각하는 이스라엘 목자들

34:2 인자야 너는 이스라엘 목자들에게 예언하라 그들 곧 목자들에게 예언하여
이르기를 주 여호와께서 이같이 말씀하시되 자기만 먹는 이스라엘 목자들은 화
있을진저 목자들이 양 떼를 먹이는 것이 마땅하지 아니하냐

34:3 너희가 살진 양을 잡아 그 기름을 먹으며 그 털을 입되 양 떼는 먹이지 아니
하는도다

34:4 너희가 그 연약한 자를 강하게 아니하며 병든 자를 고치지 아니하며 상한
자를 싸매 주지 아니하며 쫓기는 자를 돌아오게 하지 아니하며 잃어버린 자를 찾
지 아니하고 다만 포악으로 그것들을 다스렸도다

34:5 목자가 없으므로 그것들이 흩어지고 흩어져서 모든 들짐승의 밥이 되었도
다

34:6 내 양 떼가 모든 산과 높은 멧부리에마다 유리되었고 내 양 떼가 온 지면에
흩어졌으되 찾고 찾는 자가 없었도다

시편 83-84편 | 하나님을 갈망하는 시편기자의 기도

83:1 하나님이여 침묵하지 마소서 하나님이여 잠잠하지 마시고 조용하지 마소서

83:2 무릇 주의 원수들이 떠들며 주를 미워하는 자들이 머리를 들었나이다

83:18 여호와라 이름하신 주만 온 세계의 지존자로 알게 하소서

84:1 만군의 여호와여 주의 장막이 어찌 그리 사랑스러운지요

84:2 내 영혼이 여호와의 궁정을 사모하여 쇠약함이여 내 마음과 육체가 살아 계시
는 하나님께 부르짖나이다

84:10 주의 궁정에서의 한 날이 다른 곳에서의 천 날보다 나은즉 악인의 장막에 사
는 것보다 내 하나님의 성전 문지기로 있는 것이 좋사오니

말씀연결 중심내용

왕상 3 일천 번제를 드린 솔로몬에게 하나님은 구하는 대로 주겠다고 약속하십니다. 이때 솔로몬은 백성을 재판할 수 있는 듣는 마음을 구하는 **기도**를 합니다. 하나님은 기도에 응답하십니다.

엡 1 바울은 에베소 교인을 위해 **기도**합니다. 에베소 교인들에게 계시의 영을 주셔서 하나님을 알게 하시고, 부르심의 소망을 알게 하시고, 하나님의 능력이 얼마나 큰지 알기를 기도합니다.

겔 34 하나님께서는 자기만 생각하는 이스라엘의 목자들을 심판하실 것입니다. 또한 목자 없이 방황하는 양 떼를 구원하실 것입니다.

시 83-84 아삽은 원수들의 압제들 속에 고통당하면서 하나님께 간절히 기도합니다. 고라자손은 주님과 동행하기 위해 주의 장막에 살기를 갈망하며 **기도**합니다.

말씀묵상

어떤 기도를 해야 합니까? 먼저는 하나님을 갈망하는 기도를 해야 합니다. 둘째로 솔로몬, 바울과 같이 하나님이 맡겨주신 영혼을 위해 기도해야 합니다. 하나님이 맡겨주신 영혼을 돌보지 않고, 자기만 생각하는 자들은 화가 있을 것입니다.

말씀적용 오늘의 감사

말씀적용

오늘의 감사

믿음으로 감사

소망으로 감사

사랑으로 감사

말씀암송

시 84:10 주의 궁정에서의 한 날이 다른 곳에서의 천 날 보다 나은즉 악인의 □□에 사는 것보다 내 하나님의 □□ □□□로 있는 것이 좋사오니

말씀기도

❶ 세상의 무엇을 위해 구하기보다 하나님을 갈망하는 자녀 되게 하옵소서.
❷ 듣는 마음을 구한 솔로몬과 같이 맡겨주신 사명을 감당키 위해 기도하게 하옵소서.
❸ 계시의 영을 주옵소서, 부르심을 깨닫게 하옵소서, 하나님의 능력을 경험케 하옵소서.

말씀배경 지식

그 말씀이 주의 마음에 든지라 (왕상 3:10)

하나님은 솔로몬이 최고로 가치 있는 것을 구한 까닭에 기뻐하셨다. 그는 최고 선(지혜)을 구하였으니, 그것에 비하면 다른 모든 복은 무익하고 쓸모없는 것이다. 그가 다른 선물들을 구했다 하더라도 정당했을 것이다. 그러나 지혜를 구한 것은 무엇보다 훌륭한 것이었다. 솔로몬과 포로 후기 시대의 지혜 문헌은, 지혜를 무엇보다 귀하게 여긴 사실을 입증해 준다(잠 8:11-36, 전 12:9-11).

275 일차 365

10월 2일

행동하시는 하나님

맥체인성경365
1560p

열왕기상 4-5장 | 에베소서 2장 | 에스겔 35장 | 시편 85편

열왕기상 4-5장 | 행동하시는 하나님이 솔로몬 성전을 준비하심

4:25 솔로몬이 사는 동안에 유다와 이스라엘이 단에서부터 브엘세바에 이르기까지 각기 포도나무 아래와 무화과나무 아래에서 평안히 살았더라

4:32 그가 잠언 삼천 가지를 말하였고 그의 노래는 천다섯 편이며

5:5 여호와께서 내 아버지 다윗에게 하신 말씀에 내가 너를 이어 네 자리에 오르게 할 네 아들 그가 내 이름을 위하여 성전을 건축하리라 하신 대로 내가 내 하나님 여호와의 이름을 위하여 성전을 건축하려 하오니

5:12 여호와께서 그의 말씀대로 솔로몬에게 지혜를 주신 고로 히람과 솔로몬이 친목하여 두 사람이 함께 약조를 맺었더라

5:13 이에 솔로몬 왕이 온 이스라엘 가운데서 역군을 불러일으키니 그 역군의 수가 삼만 명이라

에베소서 2장 | 행동하시는 하나님이 십자가로 화목케 하심

2:1 그는 허물과 죄로 죽었던 너희를 살리셨도다

2:8 너희는 그 은혜에 의하여 믿음으로 말미암아 구원을 받았으니 이것은 너희에게서 난 것이 아니요 하나님의 선물이라

2:9 행위에서 난 것이 아니니 이는 누구든지 자랑하지 못하게 함이라

2:14 그는 우리의 화평이신지라 둘로 하나를 만드사 원수 된 것 곧 중간에 막힌 담을 자기 육체로 허시고

2:15 법조문으로 된 계명의 율법을 폐하셨으니 이는 이 둘로 자기 안에서 한 새 사람을 지어 화평하게 하시고

2:16 또 십자가로 이 둘을 한 몸으로 하나님과 화목하게 하려 하심이라 원수 된 것을 십자가로 소멸하시고

오늘의 찬양 | 주 하나님 독생자 예수

주 하나님 독생자 예수 날 위하여 오시었네 내 모든 죄 다 사하시고
죽음에서 부활하신 나의 구세주 살아계신 주 나의 참된 소망 걱정근심 전혀 없네
사랑의 주 내 갈 길 인도하니 내 모든 삶의 기쁨 늘 충만하네

에스겔 35장 | 행동하시는 하나님이 에돔을 심판하심

35:2 인자야 네 얼굴을 세일 산으로 향하고 그에게 예언하여

35:3 이르기를 주 여호와께서 이같이 말씀하시되 세일 산아 내가 너를 대적하여
내 손을 네 위에 펴서 네가 황무지와 공포의 대상이 되게 할지라

35:14 주 여호와께서 이같이 말씀하셨느니라 온 땅이 즐거워할 때에 내가 너를
황폐하게 하되

35:15 이스라엘 족속의 기업이 황폐하므로 네가 즐거워한 것 같이 내가 너를 황
폐하게 하리라 세일 산아 너와 에돔 온 땅이 황폐하리니 내가 여호와인 줄을 무
리가 알리라 하셨다 하라

시편 85편 | 행동하시는 하나님께 드리는 고라 자손의 기도

85:1 여호와여 주께서 주의 땅에 은혜를 베푸사 야곱의 포로 된 자들이 돌아오게
하셨으며

85:2 주의 백성의 죄악을 사하시고 그들의 모든 죄를 덮으셨나이다 (셀라)

85:3 주의 모든 분노를 거두시며 주의 진노를 돌이키셨나이다

85:4 우리 구원의 하나님이여 우리를 돌이키시고 우리에게 향하신 주의 분노를 거
두소서

85:12 여호와께서 좋은 것을 주시리니 우리 땅이 그 산물을 내리로다

85:13 의가 주의 앞에 앞서 가며 주의 길을 닦으리로다

말씀연결 중심내용

왕상 4-5 솔로몬은 하나님의 은혜로 말미암아 부귀와 영화를 누립니다. 아버지 다윗의 바램을 이어 성전을 건축하고자 합니다. **행동하시는 하나님**은 이 모든 일에 깊이 간섭하시며 일하고 계십니다.

엡 2 하나님은 허물과 죄로 죽었던 우리를 보고 가만히 있지 않으셨습니다. 그의 아들 예수 그리스도를 보내셔서 십자가로 화목케 하신 것입니다. 이처럼 하나님은 살아계셔서 **행동하시는 분**이십니다.

겔 35 하나님께서는 남유다와 북이스라엘을 향한 에돔의 잘못을 드러내십니다. 첫째, 재난을 당하고 있을 때 칼을 휘둘렀습니다. 둘째, 하나님이 돌보시는 데도 감히 두 민족과 두 나라가 자신들의 것이 될 것이라 조롱하였습니다. 셋째, 미워하고 노하며 질투하였습니다. 넷째, 하나님을 대적하여 자랑하며 거슬러 말하였습니다. 다섯째, 황폐하였다고 기뻐하였습니다. **행동하시는 하나님**께서는 이러한 에돔을 심판하실 것입니다.

시 85 고라 자손들은 고난 중에 있는 듯합니다. 그들은 과거 조상들을 구원하셨던 하나님께서 자신들에게도 역사해주기를 간구합니다. 그들은 **행동하시는 하나님**께서 좋은 것을 주실 것을 확신하고 있습니다.

말씀묵상

인간의 역사는 하나님의 역사입니다. 하나님은 겉으로 보이지 않으시나 분명 살아계셔서 행동하십니다. 악한 원수는 멸하시고, 우리를 십자가로 화목케 하십니다. 하나님의 사람(솔로몬)이 사역할 수 있도록 일하십니다. 지금 당장 하나님의 역사가 보이지 않습니까? 과거에 행동하셨던 하나님이 동일하게 현재와 미래에 행동하실 것입니다.

말씀적용 오늘의 감사

말씀적용

오늘의 감사

믿음으로 감사

소망으로 감사

사랑으로 감사

말씀암송

엡 2:8 너희는 그 □□에 의하여 믿음으로 말미암아 구원을 받았으니 이것은 너희에게서 난 것이 아니요 □□ □□ □□이라

말씀기도

❶ 솔로몬이 하나님의 은혜로 성전을 지을 수 있었듯이 우리도 하나님의 은혜로 사역하게 하소서.

❷ 우리를 죄로부터 구원하시고 십자가 구속의 은혜를 허락해주심에 감사드립니다.

❸ 과거에 일하셨던 하나님이 오늘도 일하고 계심을 믿게 하옵소서.

말씀배경 지식

여호와여... 은혜를 베푸사 (시 85:1)

하나님의 호의, 회복, 용서, 분노의 중지 등이 하나님과의 온전한 관계에 관한 이상(理想)을 제시한다. 이 구절들에 있는 동사들은 과거시제로 번역되긴 했어도, 아마 예언적 완료 시제일 것이다. 그 동사들은 시편 기자가 그 동사들이 예고하는 사건들을 성취가 확실한 것으로 간주하고 있음을 나타내 준다.

276 일차/365

사명을 감당하다

맥체인성경365
1565p

10월 3일

열왕기상 6장 | 에베소서 3장 | 에스겔 36장 | 시편 86편

열왕기상 6장 | 성전건축의 사명을 감당하는 솔로몬

6:1 이스라엘 자손이 애굽 땅에서 나온 지 사백팔십 년이요 솔로몬이 이스라엘 왕이 된 지 사 년 시브월 곧 둘째 달에 솔로몬이 여호와를 위하여 성전 건축하기를 시작하였더라

6:2 솔로몬 왕이 여호와를 위하여 건축한 성전은 길이가 육십 규빗이요 너비가 이십 규빗이요 높이가 삼십 규빗이며

6:3 성전의 성소 앞 주랑의 길이는 성전의 너비와 같이 이십 규빗이요 그 너비는 성전 앞에서부터 십 규빗이며

6:37 넷째 해 시브월에 여호와의 성전 기초를 쌓았고

6:38 열한째 해 불월 곧 여덟째 달에 그 설계와 식양대로 성전 건축이 다 끝났으니 솔로몬이 칠 년 동안 성전을 건축하였더라

에베소서 3장 | 이방인의 사도로서 사명을 감당하는 바울

3:1 이러므로 그리스도 예수의 일로 너희 이방인을 위하여 갇힌 자 된 나 바울이 말하거니와

3:2 너희를 위하여 내게 주신 하나님의 그 은혜의 경륜을 너희가 들었을 터이라

3:6 이는 이방인들이 복음으로 말미암아 그리스도 예수 안에서 함께 상속자가 되고 함께 지체가 되고 함께 약속에 참여하는 자가 됨이라

3:7 이 복음을 위하여 그의 능력이 역사하시는 대로 내게 주신 하나님의 은혜의 선물을 따라 내가 일꾼이 되었노라

3:8 모든 성도 중에 지극히 작은 자보다 더 작은 나에게 이 은혜를 주신 것은 측량할 수 없는 그리스도의 풍성함을 이방인에게 전하게 하시고

오늘의 찬양 | 찬송가 505장 (온 세상 위하여)

온 세상 위하여 나 복음 전하리 만 백성 모두 나와서 주 말씀 들으라
죄 중에 빠져서 헤매는 자들아 주님의 음성 듣고서 너 구원받으라
전하고 기도해 매일 증인 되리라 세상 모든 사람 다 듣고 그 사랑 알도록

에스겔 36장 | 말씀선포 사명을 감당하는 에스겔

36:1 인자야 너는 이스라엘 산들에게 예언하여 이르기를 이스라엘 산들아 여호와의 말씀을 들으라

36:2 주 여호와께서 이같이 말씀하시기를 원수들이 네게 대하여 말하기를 아하 옛적 높은 곳이 우리의 기업이 되었도다 하였느니라

36:3 그러므로 너는 예언하여 이르기를 주 여호와께서 이같이 말씀하시기를 그들이 너희를 황폐하게 하고 너희 사방을 삼켜 너희가 남은 이방인의 기업이 되게 하여 사람의 말거리와 백성의 비방거리가 되게 하였도다

36:4 그러므로 이스라엘 산들아 주 여호와의 말씀을 들을지어다 산들과 멧부리들과 시내들과 골짜기들과 황폐한 사막들과 사방에 남아 있는 이방인의 노략거리와 조롱거리가 된 버린 성읍들에게 주 여호와께서 이같이 말씀하셨느니라

시편 86편 | 기도의 사명을 감당하는 다윗

86:1 여호와여 나는 가난하고 궁핍하오니 주의 귀를 기울여 내게 응답하소서

86:3 주여 내게 은혜를 베푸소서 내가 종일 주께 부르짖나이다

86:6 여호와여 나의 기도에 귀를 기울이시고 내가 간구하는 소리를 들으소서

86:16 내게로 돌이키사 내게 은혜를 베푸소서 주의 종에게 힘을 주시고 주의 여종의 아들을 구원하소서

86:17 은총의 표적을 내게 보이소서 그러면 나를 미워하는 그들이 보고 부끄러워하오리니 여호와여 주는 나를 돕고 위로하시는 이시니이다

말씀연결 중심내용

왕상 6 솔로몬은 칠 년 동안 하나님을 위해 성전을 건축하고 내부를 장식합니다. 자신에게 맡겨진 성전건축의 **사명**을 잘 **감당**해 냅니다.

엡 3 바울은 자신을 이방인을 위한 사도로 소개합니다. 이방인에게 복음을 전하기 위해 갇혔으며, 지극히 작은 자신을 일꾼 삼으신 것도 이방인을 위함입니다. 바울은 이방인들이 그리스도의 사랑을 알게 하시기를 간구하며 자신에게 주어진 **사명**을 **감당**하고 있습니다.

겔 36 하나님은 이스라엘을 향한 뜻을 갖고 계십니다. 복을 주시기 원하시고, 정결케 하시기 원하십니다. 그런데 이 모든 뜻을 예언자 에스겔을 통해서 전달하고 계십니다. 에스겔은 하나님의 말씀을 담아낼 수 있는 깨끗한 그릇이 되어 메신저로서의 **사명**을 **감당**하고 있습니다.

시 86 다윗은 위기 속에서 기도의 **사명**을 **감당**하고 있습니다. 처음에 하나님의 도움을 구하던 기도가 하나님을 찬양하고 높이는 기도로 바뀝니다. 이후에는 주의 말씀대로 살겠다고 결단하는 고백으로 바뀝니다. 마지막으로 은총을 구하는 기도로 마무리합니다.

말씀묵상

하나님이 주신 사명은 그냥 이루어지지 않습니다. 사명을 받은 자들이 순종함으로 감당해야 합니다. 솔로몬, 바울, 에스겔, 다윗은 서로 다른 사명을 받았으나, 한결같이 각자의 사명을 충실히 감당해내고 있습니다. 나는 어떤 사명을 받았습니까? 사명을 위해 오늘 감당할 일은 무엇입니까?

말씀적용 오늘의 감사

말씀적용

오늘의 감사

믿음으로 감사

소망으로 감사

사랑으로 감사

말씀암송

시 86:16 내게로 돌이키사 내게 [ ][ ]를 베푸소서 주의 종에게 [ ][ ] 주시고 주의 여종의 아들을 구원하소서

말씀기도

❶ 내게 주신 사명을 발견하게 하옵소서.
❷ 어떤 사명을 주시던지 최선을 다하며 감당할 힘과 지혜를 주옵소서.
❸ 주님의 도를 내게 가르쳐 주시고 그 길로 행하며 진리를 따르게 하옵소서.

말씀배경 지식

일꾼 (엡 3:7)

바울은 하나님의 선물로 말미암아 종이 되었다. 이것은 영어로 'deacon'-집사(輯事), 즉 식사의 시중을 드는 자라고 흠역(欽譯)된 말이다. 바울은 다른 사람들을 멀리 하면서 자신의 직분을 높은 것으로 간주하지 않았다. 그는 언제나 자신에 관해 겸손하게 말했다.

부르심

맥체인성경365
1571p

열왕기상 7장 | 에베소서 4장 | 에스겔 37장 | 시편 87-88편

열왕기상 7장 | 기술자로 부름받은 히람

7:13 솔로몬 왕이 사람을 보내어 히람을 두로에서 데려오니

7:14 그는 납달리 지파 과부의 아들이요 그의 아버지는 두로 사람이니 놋쇠 대
장장이라 이 히람은 모든 놋 일에 지혜와 총명과 재능을 구비한 자이더니 솔로몬
왕에게 와서 그 모든 공사를 하니라

7:21 이 두 기둥을 성전의 주랑 앞에 세우되 오른쪽 기둥을 세우고 그 이름을 야
긴이라 하고 왼쪽의 기둥을 세우고 그 이름을 보아스라 하였으며

7:40 히람이 또 물두멍과 부삽과 대접들을 만들었더라 이와 같이 히람이 솔로몬
왕을 위하여 여호와의 전의 모든 일을 마쳤으니

7:51 솔로몬 왕이 여호와의 성전을 위하여 만드는 모든 일을 마친지라 이에 솔
로몬이 그의 아버지 다윗이 드린 물건 곧 은과 금과 기구들을 가져다가 여호와의
성전 곳간에 두었더라

에베소서 4장 | 부름받은 이후의 삶

4:1 그러므로 주 안에서 갇힌 내가 너희를 권하노니 너희가 부르심을 받은 일에
합당하게 행하여

4:2 모든 겸손과 온유로 하고 오래 참음으로 사랑 가운데서 서로 용납하고

4:3 평안의 매는 줄로 성령이 하나 되게 하신 것을 힘써 지키라

4:11 그가 어떤 사람은 사도로, 어떤 사람은 선지자로, 어떤 사람은 복음 전하는
자로, 어떤 사람은 목사와 교사로 삼으셨으니

4:12 이는 성도를 온전하게 하여 봉사의 일을 하게 하며 그리스도의 몸을 세우
려 하심이라

오늘의 찬양 | 찬송가 323장 (부름받아 나선 이 몸)

부름받아 나선 이 몸 어디든지 가오리다 괴로우나 즐거우나 주만 따라 가오리니
어느 누가 막으리까 죽음인들 막으리까 어느 누가 막으리까 죽음인들 막으리까

에스겔 37장 | 말씀을 대언하도록 부름받은 에스겔

37:4 또 내게 이르시되 너는 이 모든 뼈에게 대언하여 이르기를 너희 마른 뼈들아 여호와의 말씀을 들을지어다

37:5 주 여호와께서 이 뼈들에게 이같이 말씀하시기를 내가 생기를 너희에게 들어가게 하리니 너희가 살아나리라

37:6 너희 위에 힘줄을 두고 살을 입히고 가죽으로 덮고 너희 속에 생기를 넣으리니 너희가 살아나리라 또 내가 여호와인 줄 너희가 알리라 하셨다 하라

37:7 이에 내가 명령을 따라 대언하니 대언할 때에 소리가 나고 움직이며 이 뼈, 저 뼈가 들어 맞아 뼈들이 서로 연결되더라

37:10 이에 내가 그 명령대로 대언하였더니 생기가 그들에게 들어가매 그들이 곧 살아나서 일어나 서는데 극히 큰 군대더라

시편 87-88편 | 기도하도록 부름받은 고라자손

87:1 그의 터전이 성산에 있음이여

87:2 여호와께서 야곱의 모든 거처보다 시온의 문들을 사랑하시는도다

88:1 여호와 내 구원의 하나님이여 내가 주야로 주 앞에서 부르짖었사오니

88:2 나의 기도가 주 앞에 이르게 하시며 나의 부르짖음에 주의 귀를 기울여 주소서

88:13 여호와여 오직 내가 주께 부르짖었사오니 아침에 나의 기도가 주의 앞에 이르리이다

88:14 여호와여 어찌하여 나의 영혼을 버리시며 어찌하여 주의 얼굴을 내게서 숨기시나이까

말씀연결 중심내용

왕상 7 성전기구의 제작에 관한 말씀입니다. 하나님은 히람을 **부르셔서** 사용하십니다. 놋을 다루는데 탁월한 재능을 가진 사람입니다. 그는 성전의 두 기둥 야긴과 보아스를 제작하고, 바다, 수레, 물두멍, 그 외 성전기구들을 제작합니다.

엡 4 우리는 예수그리스도의 피로 죄사함을 얻고 하나님의 자녀로 부름을 받았습니다. 그런데 여기서 끝이 아닙니다. **부르심**을 받은 이후의 삶이 중요합니다. 겸손과 온유로, 각자의 직분에 맞게, 그리스도의 장성한 분량이 충만한 데까지 자라나야 합니다. 옛사람을 벗어버리고 새사람을 입어야 합니다.

겔 37 마른 뼈가 살아나는 기적을 통해 이스라엘이 회복될 것이란 말씀을 비유적으로 하고 계십니다. 또한 남 유다와 북이스라엘이 통일될 것을 말씀하십니다. 에스겔은 하나님의 명령을 대언하는 자로 **부름**을 받아 기적과 회복의 현장 한 가운데에 서 있습니다.

시 87-88 하나님은 지금 보이지 않습니다. 침묵하고 계십니다. 너무나 힘겹습니다. 그러나 시인은 자신의 상황을 시로 지어 하나님께 고백하고 있습니다. 이 기도를 통해 같은 처지에 있는 사람들이 어떻게 기도해야 할지 알게 됩니다. 그리고 기도하게 됩니다. 그의 기도문이 오랜 기간에 걸쳐 쓰임 받고 있습니다. 고라 자손은 기도하도록 **부름**받은 것입니다.

말씀묵상

우리는 모두 하나님의 자녀로 부르심을 받았습니다. 그러나 하나님의 자녀가 되었다고 끝은 아닙니다. 부름받은 이후의 삶이 중요합니다. 에스겔은 보이지 않는 상황에서 희망을 선포합니다. 고라 자손은 고통 중에 드린 기도로 수많은 사람에게 기도의 모범이 되고 있습니다. 히람은 자신의 약점을 극복하고 놋 기술자로 쓰임 받습니다. 당신은 부름받은 이후의 삶을 어떻게 보내고 있습니까?

말씀적용 오늘의 감사

말씀적용

오늘의 감사

믿음으로 감사

소망으로 감사

사랑으로 감사

말씀암송

겔 37:5 주 여호와께서 이 □들에게 이같이 말씀하시기를 내가 □□를 너희에게 들어가게 하리니 너희가 살아나리라

말씀기도

❶ 우리를 주의 자녀로 불러주시니 감사합니다. 부름받은 이후의 삶이 더 중요함을 알고 살아가게 하소서.
❷ 이 땅의 황무함을 보시고, 마른 뼈가 살아나는 기적이 우리에게도 일어나게 하옵소서.
❸ 고통 중에 입을 열어 기도하게 하소서 솔직하게 고백하게 하옵소서.

말씀배경 지식

생기 (겔 37:10)

히브리어 '루아흐'는 breath(생기), winds(바람), spirit(영)으로 문맥에 따라 적당한 말로 번역을 하게 된다. 생기는 생명의 표로서 바람, 혹은 공기와 동일한 것이며, 이 예언에서는 삶의 원리 그 자체, 즉 신이 되는 것이다.

바램

열왕기상 8장 | 에베소서 5장 | 에스겔 38장 | 시편 89편

열왕기상 8장 | 이스라엘 백성을 위한 솔로몬의 바램

8:25 이스라엘의 하나님 여호와여 주께서 주의 종 내 아버지 다윗에게 말씀하시기를 네 자손이 자기 길을 삼가서 네가 내 앞에서 행한 것 같이 내 앞에서 행하기만 하면 네게서 나서 이스라엘의 왕위에 앉을 사람이 내 앞에서 끊어지지 아니하리라 하셨사오니 이제 다윗을 위하여 그 하신 말씀을 지키시옵소서

8:56 여호와를 찬송할지로다 그가 말씀하신 대로 그의 백성 이스라엘에게 태평을 주셨으니 그 종 모세를 통하여 무릇 말씀하신 그 모든 좋은 약속이 하나도 이루어지지 아니함이 없도다

8:61 그런즉 너희의 마음을 우리 하나님 여호와께 온전히 바쳐 완전하게 하여 오늘과 같이 그의 법도를 행하며 그의 계명을 지킬지어다

에베소서 5장 | 에베소 교인을 위한 바울의 바램

5:1 그러므로 사랑을 받는 자녀 같이 너희는 하나님을 본받는 자가 되고

5:2 그리스도께서 너희를 사랑하신 것 같이 너희도 사랑 가운데서 행하라 그는 우리를 위하여 자신을 버리사 향기로운 제물과 희생제물로 하나님께 드리셨느니라

5:15 그런즉 너희가 어떻게 행할지를 자세히 주의하여 지혜 없는 자 같이 하지 말고 오직 지혜 있는 자 같이 하여

5:16 세월을 아끼라 때가 악하니라

5:17 그러므로 어리석은 자가 되지 말고 오직 주의 뜻이 무엇인가 이해하라

5:33 그러나 너희도 각각 자기의 아내 사랑하기를 자신 같이 하고 아내도 자기 남편을 존경하라

오늘의 찬양 | 나의 영혼이 잠잠히

나의 영혼이 잠잠히 하나님만 바람이여 나의 구원이 그에게서 나는도다
나의 영혼아 잠잠히 하나님만 바라라 나의 소망이 저에게서 나는도다
오직 주만이 나의 반석 나의 구원이시니 오직 주만이 나의 산성 내가 요동치 아니하리

에스겔 38장 | 거룩함을 나타내시려는 하나님의 바램

38:16 구름이 땅을 덮음 같이 내 백성 이스라엘을 치러 오리라 곡아 끝 날에 내가 너를 이끌어다가 내 땅을 치게 하리니 이는 내가 너로 말미암아 이방 사람의 눈 앞에서 내 거룩함을 나타내어 그들이 다 나를 알게 하려 함이라

38:21 주 여호와의 말씀이니라 내가 내 모든 산 중에서 그를 칠 칼을 부르리니 각 사람이 칼로 그 형제를 칠 것이며

38:22 내가 또 전염병과 피로 그를 심판하며 쏟아지는 폭우와 큰 우박덩이와 불과 유황으로 그와 그 모든 무리와 그와 함께 있는 많은 백성에게 비를 내리듯 하리라

38:23 이같이 내가 여러 나라의 눈에 내 위대함과 내 거룩함을 나타내어 나를 알게 하리니 내가 여호와인 줄을 그들이 알리라

시편 89편 | 다윗왕국의 회복을 위한 시편기자의 바램

89:3 주께서 이르시되 나는 내가 택한 자와 언약을 맺으며 내 종 다윗에게 맹세하기를

89:4 내가 네 자손을 영원히 견고히 하며 네 왕위를 대대에 세우리라 하셨나이다 (셀라)

89:20 내가 내 종 다윗을 찾아내어 나의 거룩한 기름을 그에게 부었도다

89:21 내 손이 그와 함께 하여 견고하게 하고 내 팔이 그를 힘이 있게 하리로다

89:29 또 그의 후손을 영구하게 하여 그의 왕위를 하늘의 날과 같게 하리로다

말씀연결 중심내용

왕상 8 솔로몬은 성전을 완공한 후 언약궤를 성전으로 옮깁니다. 솔로몬은 다윗에게 하신 하나님의 약속이 계속해서 지켜지기를 **바라고** 있습니다. 더불어 이스라엘 백성들도 하나님의 말씀을 지키기를 **바라고** 있습니다.

엡 5 바울은 에베소 교인들이 하나님의 자녀답게 살아가기를 간절히 **바라고** 있습니다. 먼저 하나님을 본 받는 자가 되어야 합니다. 서로 사랑하며 지내야 합니다. 빛의 자녀들처럼 행해야 합니다. 어떻게 행할지 주의하여 세월을 아껴서 주의 뜻을 이루어야 합니다. 부부간에 사랑하며 지내야 합니다.

겔 38 하나님은 새로운 이스라엘의 대적인 곡과 마곡을 심판하실 것입니다. 하나님께서는 심판을 통해, 이방 나라에 하나님의 위대함과 거룩함을 나타내실 것입니다. 또한 그들이 여호와 하나님을 알기를 **바라고** 계십니다.

시 89 본 시는 다윗 왕국의 멸망을 슬퍼하면서 다윗 왕국의 회복을 **바라며** 기도한 탄식 시편입니다. 앞부분은 하나님께서 다윗과 맺으신 언약에 대한 감사가 이어지다가 뒷부분은 언약의 파기로 인한 큰 충격과 애통을 노래하고 있습니다.

말씀묵상

오늘 본문은 저마다 각각의 상황에서 무언가를 기다리며 간절히 바라고 있습니다. 솔로몬은 이스라엘이 하나님의 법도를 지키기를 바라고 있습니다. 바울은 에베소 교인들이 사랑받은 자녀답게 살기를 바라고 있습니다. 찬양인도자 에단은 무너진 다윗왕국이 다시 재건되기를 바라고 있습니다. 끝으로 하나님께서는 심판을 통해서라도 이방 국가들이 하나님의 거룩함을 알기를 바라고 계십니다.

말씀적용 오늘의 감사

말씀적용

오늘의 감사

믿음으로 감사

소망으로 감사

사랑으로 감사

말씀암송

엡 5:2 그리스도께서 너희를 ☐☐하신 것 같이 너희도 ☐☐ 가운데서 행하라 그는 우리를 위하여 자신을 버리사 향기로운 ☐☐과 희생제물로 하나님께 드리셨느니라

말씀기도

❶ 오늘도 주의 법도를 행하며 계명을 지키며 살아가는 하루가 되게 하옵소서.
❷ 하나님의 사랑을 받은 자답게 사랑 가운데서 행하는 우리 공동체가 되게 하옵소서.
❸ 온 세상이 여호와 하나님의 거룩하심과 위대하심을 인정하게 하옵소서.

말씀배경 지식

사랑을 받는 자녀 같이… 하나님을 본받는 자가 되고 (엡 5:1)

믿는 자들은 하나님의 자녀이며, 하나님의 사랑을 체험했기 때문에 따를 수 있는 길이 있다. 어린 자녀들이 부모를 따라 하면서 일하는 것을 배우는 것처럼, 우리는 하나님을 따라 행하는 자들이 되어야만 한다.

279 일차 365

회복

맥체인성경365
1586p

10월 6일

열왕기상 9장 | 에베소서 6장 | 에스겔 39장 | 시편 90편

열왕기상 9장 | 순종할 때 이루어지는 이스라엘의 회복

9:2 여호와께서 전에 기브온에서 나타나심 같이 다시 솔로몬에게 나타나사

9:4 네가 만일 네 아버지 다윗이 행함 같이 마음을 온전히 하고 바르게 하여 내 앞에서 행하며 내가 네게 명령한 대로 온갖 일에 순종하여 내 법도와 율례를 지키면

9:5 내가 네 아버지 다윗에게 말하기를 이스라엘의 왕위에 오를 사람이 네게서 끊어지지 아니하리라 한 대로 네 이스라엘의 왕위를 영원히 견고하게 하려니와

9:6 만일 너희나 너희의 자손이 아주 돌아서서 나를 따르지 아니하며 내가 너희 앞에 둔 나의 계명과 법도를 지키지 아니하고 가서 다른 신을 섬겨 그것을 경배하면

9:7 내가 이스라엘을 내가 그들에게 준 땅에서 끊어 버릴 것이요 내 이름을 위하여 내가 거룩하게 구별한 이 성전이라도 내 앞에서 던져버리리니 이스라엘은 모든 민족 가운데에서 속담거리와 이야기거리가 될 것이며

에베소서 6장 | 마귀를 대적할 때 오는 참된 회복

6:1 자녀들아 주 안에서 너희 부모에게 순종하라 이것이 옳으니라

6:9 상전들아 너희도 그들에게 이와 같이 하고 위협을 그치라 이는 그들과 너희의 상전이 하늘에 계시고 그에게는 사람을 외모로 취하는 일이 없는 줄 너희가 앎이라

6:11 마귀의 간계를 능히 대적하기 위하여 하나님의 전신 갑주를 입으라

6:12 우리의 씨름은 혈과 육을 상대하는 것이 아니요 통치자들과 권세들과 이 어둠의 세상 주관자들과 하늘에 있는 악의 영들을 상대함이라

6:13 그러므로 하나님의 전신 갑주를 취하라 이는 악한 날에 너희가 능히 대적하고 모든 일을 행한 후에 서기 위함이라

오늘의 찬양 | 찬송가 287장 (예수 앞에 나오면)

예수 앞에 나오면 죄 사함 받으며 주의 품에 안기어 편히 쉬리라
우리 주만 믿으면 모두 구원 얻으며 영생 복락 면류관 확실히 받겠네

에스겔 39장 | 대적의 멸망과 이스라엘의 회복

39:6 내가 또 불을 마곡과 및 섬에 평안히 거주하는 자에게 내리리니 내가 여호와인 줄을 그들이 알리라

39:21 내가 내 영광을 여러 민족 가운데에 나타내어 모든 민족이 내가 행한 심판과 내가 그 위에 나타낸 권능을 보게 하리니

39:22 그 날 이후에 이스라엘 족속은 내가 여호와 자기들의 하나님인 줄을 알겠고

39:28 전에는 내가 그들이 사로잡혀 여러 나라에 이르게 하였거니와 후에는 내가 그들을 모아 고국 땅으로 돌아오게 하고 그 한 사람도 이방에 남기지 아니하리니 그들이 내가 여호와 자기들의 하나님인 줄을 알리라

39:29 내가 다시는 내 얼굴을 그들에게 가리지 아니하리니 이는 내가 내 영을 이스라엘 족속에게 쏟았음이라 주 여호와의 말씀이니라

시편 90편 | 이스라엘의 회복을 위해 기도하는 모세

90:1 주여 주는 대대에 우리의 거처가 되셨나이다

90:2 산이 생기기 전, 땅과 세계도 주께서 조성하시기 전 곧 영원부터 영원까지 주는 하나님이시니이다

90:10 우리의 연수가 칠십이요 강건하면 팔십이라도 그 연수의 자랑은 수고와 슬픔뿐이요 신속히 가니 우리가 날아가나이다

90:11 누가 주의 노여움의 능력을 알며 누가 주의 진노의 두려움을 알리이까

90:12 우리에게 우리 날 계수함을 가르치사 지혜로운 마음을 얻게 하소서

90:13 여호와여 돌아오소서 언제까지니이까 주의 종들을 불쌍히 여기소서

말씀연결 중심내용

왕상 9 솔로몬이 하나님의 계명을 준행하면 하나님이 이스라엘과 함께 하실 것입니다. 말씀에 순종할 때 이스라엘에 **회복**이 있을 것입니다. 그러나 하나님께 순종치 아니하면 약속의 땅에서 쫓겨날 것입니다. 안타깝게도 솔로몬은 점차 파멸의 길을 걷게 됩니다.

엡 6 자녀와 부모, 종과 상전 간에 어떻게 행동해야 하는지 말씀하십니다. 더불어 그리스도인의 싸움은 보이지 않는 악한 영들을 상대하는 것입니다. 영적 전쟁에서 승리하고 **회복**하기 위해서는 마귀를 대적하여 하나님의 전신갑주를 입어야 합니다.

겔 39 하나님은 남아있는 대적을 멸하시고 마침내 이스라엘을 **회복**하실 것입니다. 이스라엘 족속은 여호와 하나님이 자기들의 하나님인 것을 알게 될 것입니다. 하나님은 흩어진 이스라엘 족속을 모아 고국 땅으로 돌아오게 하시고 다시는 이방에 넘기지 않으실 것이라 약속하십니다.

시 90 이스라엘 백성은 그동안 하나님을 안전한 거처로 삼았지만 불순종과 죄로 인해 하나님께 심판을 받게 되었습니다. 시편 90편은 모세의 시편으로서 다시 한 번 긍휼을 베풀어 주셔서 **회복**해 주실 것을 간구하는 기도 시편입니다.

말씀묵상

현재 환난과 고통의 현실을 마주하고 있습니까? 참된 회복을 원하십니까? 회복은 하나님의 말씀에 순종할 때 주어집니다. 악한 영을 대적하고 전신갑주를 입을 때 주어집니다. 회복을 위해서 기도하십시오. 하나님께서는 악한 세력들을 반드시 멸하시고 온 세상에 여호와 하나님의 이름을 드러내실 것입니다.

말씀적용 오늘의 감사

말씀적용

오늘의 감사

믿음으로 감사

소망으로 감사

사랑으로 감사

말씀암송

엡 6:13 그러므로 하나님의 □□ □□를 취하라 이는 악한 날에 너희가 능히 대적하고 모든 일을 행한 후에 서기 위함이라

말씀기도

❶ 하나님이 주신 계명과 법도를 잘 지켜 행하는 오늘이 되게 하옵소서.
❷ 보이지 않는 악한 영의 세력들을 상대하기 위해 하나님의 전신갑주를 취하게 하옵소서.
❸ 여호와여 돌아오소서, 언제까지니이까 주의 종들을 불쌍히 여기소서.

말씀배경 지식

네가 만일...
바르게 하여
내 앞에서 행하며
(왕상 9:4)

하나님은 솔로몬의 모범으로 경건한 그의 아버지 다윗을 제시한다. 솔로몬이나 그의 통치 기간엔 어떤 중대한 도덕적 스캔들(scandal)은 없었지만, 그럼에도 솔로몬은 자기 아버지 다윗의 높은 영적 수준에는 미치지 못했다. 더욱이 솔로몬은 주의 진노 중에 죽었다. 따라서 약속은 조건적이라 간주되어야 한다.

280 일차 365

주시는 하나님

맥체인성경365
1591p

10월 7일

열왕기상 10장 | 빌립보서 1장 | 에스겔 40장 | 시편 91편

열왕기상 10장 | 솔로몬에게 주신 지혜와 부

10:4 스바의 여왕이 솔로몬의 모든 지혜와 그 건축한 왕궁과

10:5 그 상의 식물과 그의 신하들의 좌석과 그의 시종들이 시립한 것과 그들의
관복과 술 관원들과 여호와의 성전에 올라가는 층계를 보고 크게 감동되어

10:6 왕께 말하되 내가 내 나라에서 당신의 행위와 당신의 지혜에 대하여 들은
소문이 사실이로다

10:7 내가 그 말들을 믿지 아니하였더니 이제 와서 친히 본즉 내게 말한 것은 절
반도 못되니 당신의 지혜와 복이 내가 들은 소문보다 더하도다

10:8 복되도다 당신의 사람들이여 복되도다 당신의 이 신하들이여 항상 당신 앞
에 서서 당신의 지혜를 들음이로다

빌립보서 1장 | 바울에게 주신 복음전파의 사명

1:12 형제들아 내가 당한 일이 도리어 복음 전파에 진전이 된 줄을 너희가 알기
를 원하노라

1:14 형제 중 다수가 나의 매임으로 말미암아 주 안에서 신뢰함으로 겁 없이 하
나님의 말씀을 더욱 담대히 전하게 되었느니라

1:20 나의 간절한 기대와 소망을 따라 아무 일에든지 부끄러워하지 아니하고 지
금도 전과 같이 온전히 담대하여 살든지 죽든지 내 몸에서 그리스도가 존귀하게
되게 하려 하나니

1:21 이는 내게 사는 것이 그리스도니 죽는 것도 유익함이라

오늘의 찬양 | 찬송가 393장 (오 신실하신 주)

오 신실하신 주 내 아버지여 늘 함께 계시니 두렴 없네 그 사랑 변찮고 날 지키시며
어제나 오늘이 한결같네 오 신실하신 주 오 신실하신 주 날마다 자비를 베푸시며
일용할 모든 것 내려 주시니 오 신실하신 주 나의 구주

에스겔 40장 | 에스겔에게 주신 환상

40:2 하나님의 이상 중에 나를 데리고 이스라엘 땅에 이르러 나를 매우 높은 산
위에 내려놓으시는데 거기에서 남으로 향하여 성읍 형상 같은 것이 있더라

40:4 그 사람이 내게 이르되 인자야 내가 네게 보이는 그것을 눈으로 보고 귀로
들으며 네 마음으로 생각할지어다 내가 이것을 네게 보이려고 이리로 데리고 왔
나니 너는 본 것을 다 이스라엘 족속에게 전할지어다 하더라

40:17 그가 나를 데리고 바깥뜰에 들어가니 뜰 삼면에 박석 깔린 땅이 있고 그
박석 깔린 땅 위에 여러 방이 있는데 모두 서른이며

40:48 그가 나를 데리고 성전 문 현관에 이르러 그 문의 좌우 벽을 측량하니 너
비는 이쪽도 다섯 척이요 저쪽도 다섯 척이며 두께는 문 이쪽도 세 척이요 문 저
쪽도 세 척이며

시편 91편 | 기도하는 자에게 주시는 구원

91:2 나는 여호와를 향하여 말하기를 그는 나의 피난처요 나의 요새요 내가 의뢰하
는 하나님이라 하리니

91:3 이는 그가 너를 새 사냥꾼의 올무에서와 심한 전염병에서 건지실 것임이로다

91:5 너는 밤에 찾아오는 공포와 낮에 날아드는 화살과

91:6 어두울 때 퍼지는 전염병과 밝을 때 닥쳐오는 재앙을 두려워하지 아니하리로
다

91:7 천 명이 네 왼쪽에서, 만 명이 네 오른쪽에서 엎드러지나 이 재앙이 네게 가까
이 하지 못하리로다

91:8 오직 너는 똑똑히 보리니 악인들의 보응을 네가 보리로다

말씀연결 중심내용

왕상 10 스바 여왕이 솔로몬의 지혜와 부를 보고 크게 놀라며 하나님을 찬양합니다. 이후에 솔로몬이 소유한 재산이 나열됩니다. 솔로몬의 재산과 지혜가 얼마나 큰지 세상의 어느 왕보다 크다고 합니다. 이 모든 것은 **하나님께서 주신 것**입니다.

빌 1 바울은 감옥에 갇혔음에도 빌립보 성도를 위해서 늘 기도합니다. 또한 바울이 감옥에 갇힌 것이 도리어 복음전파에 진전이 되는 것에 대해서 감사하고 있습니다. 바울은 **하나님이 주신** 복음전파의 사명을 위해서라면 아무 일도 부끄러워하지 않고 살든지 죽든지 몸에서 그리스도만 나타나기를 바라고 있습니다.

겔 40 **하나님은** 에스겔에게 새 성전의 회복에 대한 환상을 **주십니다**. 지극히 높은 산은 언약의 시온산이며, 산 아래의 성읍은 예루살렘 성입니다. 이것은 장차 예수그리스도의 구원을 통한 온전한 회복을 예표합니다. 하나님은 이처럼 심판 중에도 긍휼과 자비를 베푸시는 사랑의 하나님입니다.

시 91 시인은 하나님의 보호와 인도하심을 확신하고 있습니다. 하나님은 사냥꾼의 올무와 전염병에서 건지실 것입니다. 밤의 공포와 낮의 화살에서도 두려워하지 않을 수 있습니다. 주변의 많은 사람이 고난을 당한다 하더라도 안전합니다. 이처럼 기도하는 자는 **하나님이** 구원을 **주시리라는** 강력한 믿음과 담대함을 가질 수 있습니다.

말씀묵상

하나님은 우리의 아버지 되십니다. 어떤 것이든 늘 주시기 원하십니다. 솔로몬에게는 지혜와 부를 주십니다. 바울에게는 복음전파의 사명을 주심으로 친히 하나님과 동역하게 하십니다. 에스겔에게는 환상을 주심으로 회복의 약속을 허락하십니다. 기도하는 자에게는 구원의 확신을 주시고 친히 피난처와 요새가 되어 주십니다.

말씀적용 오늘의 감사

말씀적용

오늘의 감사

믿음으로 감사

소망으로 감사

사랑으로 감사

말씀암송

빌 1:21 이는 내게 사는 것이 □□□□니 죽는 것도 □□함이라

말씀기도

❶ 바울에게 주신 복음전파의 사명을 제게도 주셔서 어떤 어려움에도 복음을 증거케 하소서.
❷ 에스겔이 환상을 통해 하나님의 자비와 긍휼을 경험한 것처럼, 제게도 현실을 뛰어넘는 은혜를 허락하옵소서.
❸ 시편기자와 같이 하나님께 대한 강력한 믿음을 주셔서 담대하게 살게 하옵소서.

말씀배경 지식

현관 (겔 40:48)

북쪽에서 남쪽까지 그 너비가 20규빗이고, 동쪽에서 서쪽까지 그 길이가 12규빗이다. 그 문은 너비가 14규빗으로서, 양쪽에 3규빗씩의 벽이 있다. 두께서 5규빗인 이 벽 옆에는 두 개의 기둥이 서 있다. 이 기둥은 야긴(Jachin)과 보아스(Boaz)로 불렸다.

마음

맥체인성경365
1598p

열왕기상 11장 | 빌립보서 2장 | 에스겔 41장 | 시편 92-93편

열왕기상 11장 | 마음을 돌린 솔로몬

11:2 여호와께서 일찍이 이 여러 백성에 대하여 이스라엘 자손에게 말씀하시기 를 너희는 그들과 서로 통혼하지 말며 그들도 너희와 서로 통혼하게 하지 말라 그들이 반드시 너희의 마음을 돌려 그들의 신들을 따르게 하리라 하셨으나 솔로몬이 그들을 사랑하였더라

11:3 왕은 후궁이 칠백 명이요 첩이 삼백 명이라 그의 여인들이 왕의 마음을 돌아서게 하였더라

11:4 솔로몬의 나이가 많을 때에 그의 여인들이 그의 마음을 돌려 다른 신들을 따르게 하였으므로 왕의 마음이 그의 아버지 다윗의 마음과 같지 아니하여 그의 하나님 여호와 앞에 온전하지 못하였으니

11:5 이는 시돈 사람의 여신 아스다롯을 따르고 암몬 사람의 가증한 밀곰을 따름이라

11:6 솔로몬이 여호와의 눈앞에서 악을 행하여 그의 아버지 다윗이 여호와를 온전히 따름 같이 따르지 아니하고

빌립보서 2장 | 그리스도 예수의 마음

2:3 아무 일에든지 다툼이나 허영으로 하지 말고 오직 겸손한 마음으로 각각 자기보다 남을 낫게 여기고

2:5 너희 안에 이 마음을 품으라 곧 그리스도 예수의 마음이니

2:6 그는 근본 하나님의 본체시나 하나님과 동등됨을 취할 것으로 여기지 아니하시고

2:7 오히려 자기를 비워 종의 형체를 가지사 사람들과 같이 되셨고

2:8 사람의 모양으로 나타나사 자기를 낮추시고 죽기까지 복종하셨으니 곧 십자가에 죽으심이라

오늘의 찬양 | 찬송가 455장 (주님의 마음을 본받는 자)

주님의 마음을 본받는 자 그맘에 평강이 찾아옴은 험악한 세상을 이길 힘이
하늘로부터 임함이로다 주님의 마음 본받아 살면서 그 거룩하심 나도 이루리

에스겔 41장 | 성소의 중심 지성소

41:1 그가 나를 데리고 성전에 이르러 그 문 벽을 측량하니 이쪽 두께도 여섯 척이요 저쪽 두께도 여섯 척이라 두께가 그와 같으며

41:3 그가 안으로 들어가서 내전 문 통로의 벽을 측량하니 두께는 두 척이요 문 통로가 여섯 척이요 문 통로의 벽의 너비는 각기 일곱 척이며

41:4 그가 내전을 측량하니 길이는 스무 척이요 너비는 스무 척이라 그가 내게 이르되 이는 지성소니라 하고

41:5 성전의 벽을 측량하니 두께가 여섯 척이며 성전 삼면에 골방이 있는데 너비는 각기 네 척이며

41:12 서쪽 뜰 뒤에 건물이 있는데 너비는 일흔 척이요 길이는 아흔 척이며 그 사방 벽의 두께는 다섯 척이더라

시편 92-93편 | 마음으로 드리는 찬송시

92:4 여호와여 주께서 행하신 일로 나를 기쁘게 하셨으니 주의 손이 행하신 일로 말미암아 내가 높이 외치리이다

92:5 여호와여 주께서 행하신 일이 어찌 그리 크신지요 주의 생각이 매우 깊으시니이다

93:1 여호와께서 다스리시니 스스로 권위를 입으셨도다 여호와께서 능력의 옷을 입으시며 띠를 띠셨으므로 세계도 견고히 서서 흔들리지 아니하는도다

93:2 주의 보좌는 예로부터 견고히 섰으며 주는 영원부터 계셨나이다

93:3 여호와여 큰 물이 소리를 높였고 큰 물이 그 소리를 높였으니 큰 물이 그 물결을 높이나이다

말씀연결 중심내용

왕상 11 솔로몬은 점차 이방여인들의 영향을 받게 됩니다. 솔로몬은 여인들의 신을 따르면서 하나님 앞에서 **마음**을 돌리게 됩니다. 하나님께서는 솔로몬이 돌이키기 원하셔서 대적을 몇몇 두시지만, 다윗으로 인해 솔로몬 생전에는 나라가 멸망하지 않게 하실 것입니다.

빌 2 우리는 겸손한 마음을 품고 자기보다 남을 낫게 여겨야합니다. 삼위일체 하나님이신 예수님은 자기를 비워 종의 형체를 가지사 사람들과 같이 되셨습니다. 사도바울을 빌립보 교인을 향해 이와 같은 그리스도 예수의 **마음**을 품기를 도전하고 있습니다.

겔 41 본 장은 성전 내부, 즉 지성소와 골방, 성전 내부 모습을 기록하고 있습니다. 성전은 하나님의 임재의 상징이며 하나님이 죄인을 만나주시는 거룩한 장소입니다. 이 **성전의 중심인 지성소**는 일 년에 대제사장이 단 한번 들어가는 곳으로 예수 그리스도의 단 한 번의 속죄 사건을 예표 합니다.

시 92-93 시편기자는 하나님이 행하신 일을 **마음**을 다해 찬송합니다. 하나님이 행하신 일은 크고도, 놀랍습니다. 그분의 생각은 매우 깊으십니다. 또한 하나님의 보좌는 예부터 있었고 견고한 보좌입니다. 하나님의 능력은 바다의 큰 파도보다 크십니다.

말씀묵상

사람의 마음을 잘 다스릴 때 온전히 주님을 따를 수 있습니다. 그리스도 예수와 같이 겸손의 마음을 품을 수 있습니다. 온 마음을 다해 전심으로 하나님께 찬양할 수 있습니다. 그러나 솔로몬과 같이 하나님에게서 마음을 돌려 다른 것을 바라볼 수도 있습니다. 당신의 마음은 현재 어떠한 상태입니까?

말씀적용 오늘의 감사

말씀적용

오늘의 감사

믿음으로 감사

소망으로 감사

사랑으로 감사

말씀암송

빌 2:5 너희 안에 이 마음을 품으라 곧 ☐☐☐☐ ☐☐의 마음이니

말씀기도

❶ 예수님과 같이 겸손한 마음을 품게 하옵소서. 나보다 남을 낫게 여기게 하옵소서.

❷ 하나님께서 제 삶에 행하신 일을 온 마음을 다해 찬송합니다. 영광 받아 주옵소서.

❸ 우리는 솔로몬처럼 외부의 영향을 받을 수밖에 없는 연약한 존재입니다. 다른 것에 눈을 돌리지 않게 하시고 끝까지 주님을 바라보게 하옵소서.

말씀배경 지식

자기를 낮추시고 (빌 2:8)

자발적인 겸손의 행위는 성육신으로 끝나지 않고, 십자가에 못 박힘에 의한 굴욕적인 죽음까지 계속되었다. 그는 다른 사람들을 위하여 자신의 개인적인 모든 권리와 이익을 포기하셨다.

282 일차/365

선택

맥체인성경365 1603p

10월 9일

열왕기상 12장 | 빌립보서 3장 | 에스겔 42장 | 시편 94편

열왕기상 12장 | 경험 없는 자들의 자문을 선택한 르호보암

12:8 왕이 노인들이 자문하는 것을 버리고 자기 앞에 모셔 있는 자기와 함께 자라난 어린 사람들과 의논하여

12:13 왕이 포학한 말로 백성에게 대답할새 노인의 자문을 버리고

12:14 어린 사람들의 자문을 따라 그들에게 말하여 이르되 내 아버지는 너희의 멍에를 무겁게 하였으나 나는 너희의 멍에를 더욱 무겁게 할지라 내 아버지는 채찍으로 너희를 징계하였으나 나는 전갈 채찍으로 너희를 징치하리라 하니라

12:15 왕이 이같이 백성의 말을 듣지 아니하였으니 이 일은 여호와께로 말미암아 난 것이라 여호와께서 전에 실로 사람 아히야로 느밧의 아들 여로보암에게 하신 말씀을 이루게 하심이더라

빌립보서 3장 | 예수를 선택한 바울

3:5 나는 팔일 만에 할례를 받고 이스라엘 족속이요 베냐민 지파요 히브리인 중의 히브리인이요 율법으로는 바리새인이요

3:6 열심으로는 교회를 박해하고 율법의 의로는 흠이 없는 자라

3:7 그러나 무엇이든지 내게 유익하던 것을 내가 그리스도를 위하여 다 해로 여길뿐더러

3:8 또한 모든 것을 해로 여김은 내 주 그리스도 예수를 아는 지식이 가장 고상하기 때문이라 내가 그를 위하여 모든 것을 잃어버리고 배설물로 여김은 그리스도를 얻고

3:9 그 안에서 발견되려 함이니 내가 가진 의는 율법에서 난 것이 아니요 오직 그리스도를 믿음으로 말미암은 것이니 곧 믿음으로 하나님께로부터 난 의라

오늘의 찬양 | 아무것도 두려워 말라

아무것도 두려워 말라 주 나의 하나님이 지켜주시네 놀라지 마라 겁내지 마라
주님 나를 지켜주시네 내 맘이 힘에 겨워 지칠지라도 주님 나를 지켜주시네
세상의 험한 풍파 몰아칠 때도 주님 나를 지켜주시네
주님은 나의 산성 주님은 나의 요새 주님은 나의 소망 나의 힘이 되신 여호와

에스겔 42장 | 영적 제사장을 선택하신 하나님

42:1 그가 나를 데리고 밖으로 나가 북쪽 뜰로 가서 두 방에 이르니 그 두 방의 하나는 골방 앞 뜰을 향하였고 다른 하나는 북쪽 건물을 향하였는데

42:2 그 방들의 자리의 길이는 백 척이요 너비는 쉰 척이며 그 문은 북쪽을 향하였고

42:13 그가 내게 이르되 좌우 골방 뜰 앞 곧 북쪽과 남쪽에 있는 방들은 거룩한 방이라 여호와를 가까이 하는 제사장들이 지성물을 거기에서 먹을 것이며 지성물 곧 소제와 속죄제와 속건제의 제물을 거기 둘 것이니 이는 거룩한 곳이라

42:14 제사장의 의복은 거룩하므로 제사장이 성소에 들어갔다가 나올 때에 바로 바깥뜰로 가지 못하고 수종드는 그 의복을 그 방에 두고 다른 옷을 입고 백성의 뜰로 나갈 것이니라 하더라

시편 94편 | 기도를 선택한 시편기자

94:1 여호와여 복수하시는 하나님이여 복수하시는 하나님이여 빛을 비추어 주소서

94:2 세계를 심판하시는 주여 일어나사 교만한 자들에게 마땅한 벌을 주소서

94:3 여호와여 악인이 언제까지, 악인이 언제까지 개가를 부르리이까

94:4 그들이 마구 지껄이며 오만하게 떠들며 죄악을 행하는 자들이 다 자만하나이다

94:21 그들이 모여 의인의 영혼을 치려 하며 무죄한 자를 정죄하여 피를 흘리려 하나

94:22 여호와는 나의 요새이시요 나의 하나님은 내가 피할 반석이시라

말씀연결 중심내용

왕상 12 이스라엘 왕국의 분열되는 과정을 보여주고 있습니다. 솔로몬의 아들 르호보암은 장로들의 지혜로운 조언을 버리고 경험 없는 소년들의 자문을 **선택**했습니다. 그러나 유다 성읍에 사는 사람들을 제외하고 모두 르호보암을 떠났습니다. 이렇게 남유다와 북이스라엘이 갈라지게 됩니다.

빌 3 사도바울은 베냐민 지파, 히브리인, 바리새파 사람으로 육신의 자랑이 있는 자입니다. 율법의 의로 흠이 없던 자였습니다. 그러던 그가 예수 그리스도를 만나 이 모든 자랑을 배설물로 여기고 오직 예수님을 아는 지식만 드러내기로 **선택**합니다.

겔 42 제사장 방의 환상을 보여주십니다. 이 방들은 3층으로 되어있는데 제사장들이 제자 업무에 필요한 일들을 준비하는 거룩한 장소입니다. 제사장들은 이 방에 있을 때 반드시 거룩한 예복을 입어야 합니다. 오늘도 영적 제사장인 그리스도인을 **선택**하셔서 구별되고 거룩한 삶을 살아가기를 원하십니다.

시 94 시인은 악인이 득세하는 상황 속에서 고통 중에 있습니다. 악인은 교만하며 과부와 나그네를 죽이며 개가를 부르고 있습니다. 오만하게 행하며 의인을 치려 합니다. 이때 시인은 무엇을 하고 있습니까? 기도를 **선택**했습니다. 피할 반석 되시는 하나님을 의지하며 기도하고 있는 것입니다.

말씀묵상

무엇을 선택하느냐가 그 사람의 인생을 결정합니다. 솔로몬은 경험 없는 자들의 자문을 선택하여 나라를 반으로 갈라놓습니다. 바울은 유익하던 것을 다 해로 여기고 오직 예수를 드러내기로 선택합니다. 시편 기자는 문제 앞에서 하나님께 기도하기로 선택합니다. 당신은 그동안 어떤 선택을 했습니까? 또 오늘 어떤 선택 앞에 서 있습니까?

말씀적용 오늘의 감사

말씀적용

오늘의 감사

믿음으로 감사

소망으로 감사

사랑으로 감사

말씀암송

시 94:22 여호와는 나의 ☐☐이시요 나의 하나님은 내가 피할 ☐☐이시라

말씀기도

❶ 사도바울과 같이, 육신의 자랑 보다 예수님을 아는 지식을 가장 최고로 여기게 하옵소서.
❷ 이 시대의 영적 제사장으로 부르심에 감사드립니다. 오늘도 거룩하고 구별된 삶을 살게 하옵소서.
❸ 문제를 회피하거나 하나님을 원망하기보다 하나님께 기도하는 하루가 되게 하옵소서.

말씀배경 지식

빛을 비추어 주소서 (시 94:1)

시인은 보응하시는 세계의 재판장으로, 그리고 처벌하실 수 있는 권능을 갖고 효과적인 보응을 하실 권리를 가지신 분으로서의 여호와 하나님께 호소한다. 큰 문제는 하나님께 범해진 죄악을 보응하실 수 있느냐가 아니라 그 분이 공의를 갖고 오시기까지 얼마나 오래 걸리겠느냐 하는 것이다.

283 일차 365

하나님의 사람

맥체인성경365
1608p

10월 10일

열왕기상 13장 | 빌립보서 4장 | 에스겔 43장 | 시편 95-96편

열왕기상 13장 | 말씀을 어긴 하나님의 사람

13:11 벧엘에 한 늙은 선지자가 살더니 그의 아들들이 와서 이 날에 하나님의 사람이 벧엘에서 행한 모든 일을 그에게 말하고 또 그가 왕에게 드린 말씀도 그들이 그들의 아버지에게 말한지라

13:14 하나님의 사람을 뒤따라가서 상수리나무 아래에 앉은 것을 보고 이르되 그대가 유다에서 온 하나님의 사람이냐 대답하되 그러하다

13:15 그가 그 사람에게 이르되 나와 함께 집으로 가서 떡을 먹으라

13:16 대답하되 나는 그대와 함께 돌아가지도 못하겠고 그대와 함께 들어가지도 못하겠으며 내가 이 곳에서 그대와 함께 떡도 먹지 아니하고 물도 마시지 아니하리니

13:18 그가 그 사람에게 이르되 나도 그대와 같은 선지자라 천사가 여호와의 말씀으로 내게 이르기를 그를 네 집으로 데리고 돌아가서 그에게 떡을 먹이고 물을 마시게 하라 하였느니라 하니 이는 그 사람을 속임이라

13:19 이에 그 사람이 그와 함께 돌아가서 그의 집에서 떡을 먹으며 물을 마시니라

빌립보서 4장 | 바울 주변의 하나님의 사람들

4:1 그러므로 나의 사랑하고 사모하는 형제들, 나의 기쁨이요 면류관인 사랑하는 자들아 이와 같이 주 안에 서라

4:2 내가 유오디아를 권하고 순두게를 권하노니 주 안에서 같은 마음을 품으라

4:3 또 참으로 나와 멍에를 같이한 네게 구하노니 복음에 나와 함께 힘쓰던 저 여인들을 돕고 또한 글레멘드와 그 외에 나의 동역자들을 도우라 그 이름들이 생명책에 있느니라

4:6 아무 것도 염려하지 말고 다만 모든 일에 기도와 간구로, 너희 구할 것을 감사함으로 하나님께 아뢰라

4:7 그리하면 모든 지각에 뛰어난 하나님의 평강이 그리스도 예수 안에서 너희 마음과 생각을 지키시리라

오늘의 찬양 | 찬송가 436장 (나 이제 주님의 새 생명 얻은 몸)

나 이제 주님의 새 생명 얻은 몸 옛것은 지나고 새사람이로다
그 생명 내 맘에 강같이 흐르고 그 사랑 내게서 해 같이 빛난다
영생을 누리며 주 안에 살리라 오늘도 내일도 주 함께 살리라

에스겔 43장 | 여호와의 영광을 본 하나님의 사람

43:1 그 후에 그가 나를 데리고 문에 이르니 곧 동쪽을 향한 문이라

43:2 이스라엘 하나님의 영광이 동쪽에서부터 오는데 하나님의 음성이 많은 물
소리 같고 땅은 그 영광으로 말미암아 빛나니

43:3 그 모양이 내가 본 환상 곧 전에 성읍을 멸하러 올 때에 보던 환상 같고 그
발 강 가에서 보던 환상과도 같기로 내가 곧 얼굴을 땅에 대고 엎드렸더니

43:4 여호와의 영광이 동문을 통하여 성전으로 들어가고

43:5 영이 나를 들어 데리고 안뜰에 들어가시기로 내가 보니 여호와의 영광이
성전에 가득하더라

시편 95-96편 | 여호와를 노래하는 하나님의 사람

95:1 오라 우리가 여호와께 노래하며 우리의 구원의 반석을 향하여 즐거이 외치자

95:2 우리가 감사함으로 그 앞에 나아가며 시를 지어 즐거이 그를 노래하자

95:3 여호와는 크신 하나님이시요 모든 신들보다 크신 왕이시기 때문이로다

96:2 여호와께 노래하여 그의 이름을 송축하며 그의 구원을 날마다 전파할지어다

96:8 여호와의 이름에 합당한 영광을 그에게 돌릴지어다 예물을 들고 그의 궁정에
들어갈지어다

96:9 아름답고 거룩한 것으로 여호와께 예배할지어다 온 땅이여 그 앞에서 떨지
어다

말씀연결 중심내용

왕상 13 북이스라엘의 벧엘에서 드려지는 제사를 하나님은 원치 않으셨습니다. 유다의 선지자인 하나님의 사람을 통해 벧엘 제사를 꾸짖습니다. **하나님의 사람**은 어디에서도 대접을 받지 말라 말씀을 들었지만, 명령을 어기고 결국 죽게 됩니다.

빌 4 바울은 빌립보서를 마무리하면서 바울 주변의 **하나님의 사람들**에게 권면의 말씀을 전합니다. 유오디아와 순두게는 더욱 쓰임 받기 위해서 한 마음을 품어야 합니다. 아무것도 염려하지 말고 기도해야 합니다. 그리하면 평강의 하나님이 마음과 생각을 지켜주실 것입니다.

겔 43 에스겔은 여호와의 영광이 동문을 통해서 성소로 들어가는 것을 목격합니다. 에스겔은 성령에 이끌려 안뜰로 들어가서 여호와의 영광이 성전에 가득한 것도 봅니다. 하나님께서는 이스라엘을 회복하시기 위한 청사진을 **하나님의 사람** 에스겔에게 환상을 통해 보여주고 계십니다.

시 95-96 **하나님의 사람**은 여호와를 노래하기 위해 예배자들을 초청합니다. 구원의 반석을 향해 외치며, 감사함으로 그 앞에 나아가야 합니다. 크신 하나님의 이름에 합당한 영광을 돌려야 합니다. 아름답고 거룩한 것으로 그 앞에 예배해야 합니다.

말씀묵상

하나님은 사람을 통해서 역사하시는 분이십니다. 그래서 성경은 사람들의 이야기로 가득 차 있습니다. 하나님의 사람은 말씀을 온전히 분별해야 온전한 순종을 할 수 있습니다. 주님을 따를 때 오는 염려는 기도로 바꾸어야 합니다. 하나님의 사람들에게는 여호와의 영광을 보는 특별한 은총을 받기도 합니다. 모든 하나님의 사람들은 여호와 하나님께 합당한 찬양을 올려드려야 합니다.

말씀적용 오늘의 감사

말씀적용

오늘의 감사

믿음으로 감사

소망으로 감사

사랑으로 감사

말씀암송

빌 4:6-7 아무 것도 [ ][ ]하지 말고 다만 모든 일에 [ ][ ]와 간구로, 너희 구할 것을 감사함으로 하나님께 아뢰라 그리하면 모든 지각에 뛰어난 하나님의 평강이 그리스도 예수 안에서 너희 마음과 생각을 지키시리라

말씀기도

❶ 하나님의 말씀을 잘 분별하여 끝까지 순종하게 하옵소서.
❷ 아무것도 염려하지 않고 오직 모든 일에 감사함으로 구하는 믿음을 주옵소서.
❸ 하나님께서 행하신 일들을 찬양하며 살기를 다짐합니다. 나의 찬양을 받아 주옵소서.

말씀배경 지식

벧엘에 한 늙은 선지자가 살더니 (왕상 13:11)

벧엘의 늙은 선지자의 아들들이 자기 아버지에게, 여로보암에 대하여 선언된 예언을 전하였다. 그들의 보고에 접하여 그 늙은 선지자는, 그 하나님의 사람을 찾아 나섰다가 상수리나무 아래에서 그를 만났다.

보시는 하나님

열왕기상 14장 | 골로새서 1장 | 에스겔 44장 | 시편 97-98편

열왕기상 14장 | 하나님 보시기에 악을 행한 두 왕

14:6 그가 문으로 들어올 때에 아히야가 그 발소리를 듣고 말하되 여로보암의 아내여 들어오라 네가 어찌하여 다른 사람인 체하느냐 내가 명령을 받아 흉한 일을 네게 전하리니

14:10 그러므로 내가 여로보암의 집에 재앙을 내려 여로보암에게 속한 사내는 이스라엘 가운데 매인 자나 놓인 자나 다 끊어 버리되 거름 더미를 쓸어 버림 같이 여로보암의 집을 말갛게 쓸어 버릴지라

14:21 솔로몬의 아들 르호보암은 유다 왕이 되었으니 르호보암이 왕위에 오를 때에 나이가 사십일 세라 여호와께서 자기 이름을 두시려고 이스라엘 모든 지파 가운데에서 택하신 성읍 예루살렘에서 십칠 년 동안 다스리니라 그의 어머니의 이름은 나아마요 암몬 사람이더라

14:22 유다가 여호와 보시기에 악을 행하되 그의 조상들이 행한 모든 일보다 뛰어나게 하여 그 범한 죄로 여호와를 노엽게 하였으니

14:23 이는 그들도 산 위에와 모든 푸른 나무 아래에 산당과 우상과 아세라 상을 세웠음이라

골로새서 1장 | 하나님 보시기에 성장해가는 골로새교회

1:3 우리가 너희를 위하여 기도할 때마다 하나님 곧 우리 주 예수 그리스도의 아버지께 감사하노라

1:4 이는 그리스도 예수 안에 너희의 믿음과 모든 성도에 대한 사랑을 들었음이요

1:6 이 복음이 이미 너희에게 이르매 너희가 듣고 참으로 하나님의 은혜를 깨달은 날부터 너희 중에서와 같이 또한 온 천하에서도 열매를 맺어 자라는도다

1:23 만일 너희가 믿음에 거하고 터 위에 굳게 서서 너희 들은 바 복음의 소망에서 흔들리지 아니하면 그리하리라 이 복음은 천하 만민에게 전파된 바요 나 바울은 이 복음의 일꾼이 되었노라

오늘의 찬양 | 찬송가 383장 (눈을 들어 산을 보니)

눈을 들어 산을 보니 도움 어디서 오나 천지 지은 주 하나님 나를 도와주시네
나의 발이 실족 않게 주가 깨어 지키며 택한 백성 항상 지켜 길이 보호하시네

에스겔 44장 | 하나님 보시기에 가증한 이스라엘 족속

44:4 그가 또 나를 데리고 북문을 통하여 성전 앞에 이르시기로 내가 보니 여호
와의 영광이 여호와의 성전에 가득한지라 내가 얼굴을 땅에 대고 엎드리니

44:5 여호와께서 내게 이르시되 인자야 너는 전심으로 주목하여 내가 네게 말하
는 바 여호와의 성전의 모든 규례와 모든 율례를 귀로 듣고 또 성전의 입구와 성
소의 출구를 전심으로 주목하고

44:6 너는 반역하는 자 곧 이스라엘 족속에게 이르기를 주 여호와께서 이같이
말씀하시기를 이스라엘 족속아 너희의 모든 가증한 일이 족하니라

44:9 주 여호와께서 이같이 말씀하셨느니라 이스라엘 족속 중에 있는 이방인 중
에 마음과 몸에 할례를 받지 아니한 이방인은 내 성소에 들어오지 못하리라

시편 97-98편 | 하나님 보시기에 아름다운 찬양시

97:1 여호와께서 다스리시나니 땅은 즐거워하며 허다한 섬은 기뻐할지어다

97:2 구름과 흑암이 그를 둘렀고 의와 공평이 그의 보좌의 기초로다

97:3 불이 그의 앞에서 나와 사방의 대적들을 불사르시는도다

97:4 그의 번개가 세계를 비추니 땅이 보고 떨었도다

98:7 바다와 거기 충만한 것과 세계와 그 중에 거주하는 자는 다 외칠지어다

98:8 여호와 앞에서 큰 물은 박수할지어다 산악이 함께 즐겁게 노래할지어다

말씀연결 중심내용

왕상 14 본 장은 **하나님이 보시기에** 악을 행한 두 왕이 소개됩니다. 변장한 사람을 꿰뚫어보는 눈먼 선지자의 예언, 즉 여로보암의 심판 예언은 이루어질 것입니다. 르호보암은 자기 이름을 두시려고 택한 성읍 예루살렘에서 하나님 앞에 범죄하여 솔로몬의 영광을 초라하게 만듭니다.

골 1 복음을 받은 골로새교회에 믿음과 사랑이 계속해서 자라납니다. 에바브라를 통해 배운 복음이 열매를 맺은 것입니다. 바울이 보기에도, **하나님 보시기에**도 골로새교회는 아름답게 성장해갔습니다.

겔 44 레위인들은 하나님이 주신 거룩한 임무를 소홀히 여기고, 다른 사람들 심지어 이방인들까지 그 일에 가담시켰습니다. 당시로서는 성전에 들어올 수 없는 이방인을 거룩한 곳에 데려온 것입니다. **하나님은** 이러한 일을 **보시기에** 가증히 여기십니다. 하나님께 사명을 받는 것은 은혜로운 일이지만 이를 감당할 때는 늘 두렵고 떨리는 마음으로 나아가야 합니다.

시 97-98 시인은 자연을 바라보며 하나님을 찬양합니다. 여호와 하나님은 구름과 흑암으로 둘러계시며 불과 번개를 통해 온 세상을 떨게 하시는 분이십니다. 시인은 드넓은 바다와 온 세계에 거주하는 모든 자들이 하나님을 찬양하며 외칠 것을 촉구합니다. 이러한 찬양은 **하나님 보시기에** 아름다운 찬양이 되어 기쁘게 받아주실 것입니다.

말씀묵상

하나님은 사람의 모든 순간을 감찰하시며 바라보고 계십니다. 르호보암과 여로보암은 하나님 보시기에 악을 행했습니다. 레위인은 구별되어 거룩한 직무를 맡았음에도 그것을 가볍게 여기고 범죄 하였습니다. 골로새교회는 복음을 받고 열매를 맺어 성장해나가고 있습니다. 하나님은 이 모든 것을 보고 계십니다. 우리를 바라보시는 하나님께 감사와 찬송과 영광을 올려드립시다.

말씀적용 오늘의 감사

말씀적용

오늘의 감사

믿음으로 감사

소망으로 감사

사랑으로 감사

말씀암송

시 98:8 여호와 앞에서 큰 물은 [ ][ ]할지어다 산악이 함께 즐겁게 [ ][ ]할지어다

말씀기도

❶ 지금도 살아계셔서 우리를 감찰하시는 하나님께 범죄하지 않게 하옵소서.
❷ 한국교회가 믿음에 거하고 터 위에 굳게 서서 복음의 소망이 흔들리지 않게 하옵소서.
❸ 맡겨주신 거룩한 직분을 귀히 여기며 감당케 하옵소서.

말씀배경 지식

여호와께서 다스리시니 (시 97:1)

여기서의 사고도 "야훼께서 왕이 되신다"이다. 은혜를 입을 모든 자들은 이 종말론적 통치의 진리에서 기뻐하라는 요청을 받는다. 신비와 두려운 위엄이 그 왕의 오심의 특징이다. 그렇지만 하나님의 통치의 의로움은 이 두려운 권능의 행사(行使) 모두의 기초가 된다.

285 일차 365

온전함

맥체인성경365
1620p

10월 12일

열왕기상 15장 | 골로새서 2장 | 에스겔 45장 | 시편 99-101편

왕상 15장 | 온전한 왕과 불온전한 왕

15:3 아비얌이 그의 아버지가 이미 행한 모든 죄를 행하고 그의 마음이 그의 조
상 다윗의 마음과 같지 아니하여 그의 하나님 여호와 앞에 온전하지 못하였으나

15:11 아사가 그의 조상 다윗 같이 여호와 보시기에 정직하게 행하여

15:25 유다의 아사 왕 둘째 해에 여로보암의 아들 나답이 이스라엘 왕이 되어 이
년 동안 이스라엘을 다스리니라

15:26 그가 여호와 보시기에 악을 행하되 그의 아버지의 길로 행하며 그가 이스
라엘에게 범하게 한 그 죄 중에 행한지라

15:34 바아사가 여호와 보시기에 악을 행하되 여로보암의 길로 행하며 그가 이
스라엘에게 범하게 한 그 죄 중에 행하였더라

골로새서 2장 | 온전한 믿음을 가르치는 바울

2:6 그러므로 너희가 그리스도 예수를 주로 받았으니 그 안에서 행하되

2:7 그 안에 뿌리를 박으며 세움을 받아 교훈을 받은 대로 믿음에 굳게 서서 감
사함을 넘치게 하라

2:8 누가 철학과 헛된 속임수로 너희를 사로잡을까 주의하라 이것은 사람의 전
통과 세상의 초등학문을 따름이요 그리스도를 따름이 아니니라

2:12 너희가 세례로 그리스도와 함께 장사되고 또 죽은 자들 가운데서 그를 일
으키신 하나님의 역사를 믿음으로 말미암아 그 안에서 함께 일으키심을 받았느
니라

오늘의 찬양 | 예수 하나님의 공의

예수 하나님의 공의 주독생자 그의 나라 임하시네 예수 제물이 되신 주 영광 중에 그의 나라 임하시네 주의 나라 영원하며 그의 영광 무궁하리 왕의 위엄과 능력이 이제 임하였으니 주의 주권과 주의 통치와 주의 나라 힘과 권세 임하네 예수 하나님의 공의

에스겔 45장 | 온전한 통치를 원하시는 하나님

45:9 주 여호와께서 이같이 말씀하셨느니라 이스라엘의 통치자들아 너희에게 만족하니라 너희는 포악과 겁탈을 제거하여 버리고 정의와 공의를 행하여 내 백성에게 속여 빼앗는 것을 그칠지니라 주 여호와의 말씀이니라

45:13 너희가 마땅히 드릴 예물은 이러하니 밀 한 호멜에서는 육분의 일 에바를 드리고 보리 한 호멜에서도 육분의 일 에바를 드리며

45:17 군주의 본분은 번제와 소제와 전제를 명절과 초하루와 안식일과 이스라엘 족속의 모든 정한 명절에 갖추는 것이니 이스라엘 족속을 속죄하기 위하여 이 속죄제와 소제와 번제와 감사 제물을 갖출지니라

45:18 여호와께서 이같이 말씀하셨느니라 첫째 달 초하룻날에 흠 없는 수송아지 한 마리를 가져다가 성소를 정결하게 하되

시편 99-101편 | 온전한 길을 주목하는 다윗

99:4 능력 있는 왕은 정의를 사랑하느니라 주께서 공의를 견고하게 세우시고 주께서 야곱에게 정의와 공의를 행하시나이다

99:5 너희는 여호와 우리 하나님을 높여 그의 발등상 앞에서 경배할지어다 그는 거룩하시도다

100:3 여호와가 우리 하나님이신 줄 너희는 알지어다 그는 우리를 지으신 이요 우리는 그의 것이니 그의 백성이요 그의 기르시는 양이로다

101:2 내가 완전한 길을 주목하오리니 주께서 어느 때나 내게 임하시겠나이까 내가 완전한 마음으로 내 집 안에서 행하리이다

말씀연결 중심내용

왕상 15 남 유다의 왕 두 사람, 북 이스라엘의 왕 두 사람이 소개됩니다. 남 유다 왕 아사는 여호와 보시기에 **온전**하고 정직하게 행했습니다. 그러나 유다 왕 아비얌, 북이스라엘의 나답과 바아사는 여로보암의 길로 행하며 여호와 보시기에 **불온전**한 왕이었습니다.

골 2 하나님의 자녀들은 각종 이단들의 철학과 헛된 속임수에 사로잡히지 말아야 합니다. 복음의 능력을 경험한 사람들은 과거 유대교가 행하던 의식들에서 자유 할 수 있어야 합니다. 바울은 골로새 지역 교인들에게 예수그리스도의 **온전한** 믿음을 가르치고 있습니다.

겔 45 하나님께서는 군주(통치자)들이 **온전히** 나라를 다스리기 원하십니다. 포악과 겁탈을 일삼지 말고 정의와 공의를 행해야 합니다. 또한 이스라엘에서 절기가 잘 지켜질 수 있도록 도와야 합니다. 온전한 제사를 통해 개인의 신앙생활이 사회의 공적신앙생활로 확대되어 질 때 그 나라가 바로 서게 될 것이기 때문입니다.

시 99-101 우리의 하나님은 정의와 공의의 하나님입니다. 우리를 지으신 이시며 우리는 그의 백성입니다. 우리는 하나님을 높여 그의 발등상 앞에서 경배해야 합니다. 한편 다윗은 하나님의 도우심을 바라며 **온전한** 길을 주목하고 완전한 마음으로 살기를 다짐합니다.

말씀묵상

하나님은 통치자들이 온전히 서기를 원하십니다. 개인신앙이 공적신앙으로 확대될 때 그 나라가 바로 설 수 있기 때문입니다. 그러나 이스라엘의 통치자들은 온전한 왕보다 불온전한 왕들이 더 많았습니다. 사도바울은 골로새교인이 예수그리스도의 온전한 믿음 위에 굳게 서기를 바라고 있습니다. 다윗 역시 하나님 앞에서 온전한 길을 주목하며 완전한 길로 행하기를 다짐합니다.

말씀적용 오늘의 감사

말씀적용

오늘의 감사

믿음으로 감사

소망으로 감사

사랑으로 감사

말씀암송

시 99:5 너희는 여호와 우리 하나님을 높여 그의 ☐☐ ☐ 앞에서 경배할지어다 그는 ☐☐하시도다

말씀기도

❶ 이 나라를 위해서 기도합니다. 통치자들이 정의와 공의로 이 땅을 다스리게 하옵소서.

❷ 예수 그리스도의 복음 안에 뿌리를 박고 세움을 받아 믿음 위에 굳게 서게 하옵소서.

❸ 다윗과 같이 하나님 앞에 나의 행실을 점검하며 완전한 길을 따라 살아가는 오늘이 되게 하옵소서.

말씀배경 지식

사람의 전통과 세상의 초등학문 (골 2:8)

골로새의 이단은 사람의 전통과 세상의 초등학문을 따르는 철학이었다. 바울은 전통 자체를 비난하지 않는다. 오히려 그는 이 이단과 골로새인들이 받았던 그리스도를 따르는 전통을 대조시킨다. 따라서 올바른 전통이 있다. 그리고 이 전통의 본질이 사도적 임무에 있다.

286 일차 365

규례

맥체인성경365
1625p

10월 13일

열왕기상 16장 | 골로새서 3장 | 에스겔 46장 | 시편 102편

열왕기상 16장 | 하나님의 규례를 어긴 이스라엘 왕들

16:7 여호와의 말씀이 하나니의 아들 선지자 예후에게도 임하사 바아사와 그의
집을 꾸짖으심은 그가 여로보암의 집과 같이 여호와 보시기에 모든 악을 행하며
그의 손의 행위로 여호와를 노엽게 하였음이며 또 그의 집을 쳤음이더라

16:18 시므리가 성읍이 함락됨을 보고 왕궁 요새에 들어가서 왕궁에 불을 지르
고 그 가운데에서 죽었으니

16:19 이는 그가 여호와 보시기에 악을 행하여 범죄하였기 때문이니라 그가 여
로보암의 길로 행하며 그가 이스라엘에게 죄를 범하게 한 그 죄 중에 행하였더라

16:25 오므리가 여호와 보시기에 악을 행하되 그 전의 모든 사람보다 더욱 악하
게 행하여

16:30 오므리의 아들 아합이 그의 이전의 모든 사람보다 여호와 보시기에 악을
더욱 행하여

골로새서 3장 | 골로새 교인을 향한 하나님의 규례

3:2 위의 것을 생각하고 땅의 것을 생각하지 말라

3:3 이는 너희가 죽었고 너희 생명이 그리스도와 함께 하나님 안에 감추어졌음
이라

3:4 우리 생명이신 그리스도께서 나타나실 그 때에 너희도 그와 함께 영광 중에
나타나리라

3:12 그러므로 너희는 하나님이 택하사 거룩하고 사랑 받는 자처럼 긍휼과 자비
와 겸손과 온유와 오래 참음을 옷 입고

3:15 그리스도의 평강이 너희 마음을 주장하게 하라 너희는 평강을 위하여 한
몸으로 부르심을 받았나니 너희는 또한 감사하는 자가 되라

오늘의 찬양 | 찬송가 202장 (하나님 아버지 주신 책은)

하나님 아버지 주신 책은 귀하고 중하신 말씀일세 기쁘고 반가운 말씀 중에
날 사랑한단 말 참 좋도다 주께서 나를 사랑하니 즐겁고도 즐겁도다
주께서 나를 사랑하니 나는 참 기쁘다

에스겔 46장 | 하나님의 규례를 계시 받은 에스겔

46:2 군주는 바깥 문 현관을 통하여 들어와서 문 벽 곁에 서고 제사장은 그를 위하여 번제와 감사제를 드릴 것이요 군주는 문 통로에서 예배한 후에 밖으로 나가고 그 문은 저녁까지 닫지 말 것이며

46:3 이 땅 백성도 안식일과 초하루에 이 문 입구에서 나 여호와 앞에 예배할 것이며

46:13 아침마다 일년 되고 흠 없는 어린 양 한 마리를 번제를 갖추어 나 여호와께 드리고

46:18 군주는 백성의 기업을 빼앗아 그 산업에서 쫓아내지 못할지니 군주가 자기 아들에게 기업으로 줄 것은 자기 산업으로만 할 것임이라 백성이 각각 그 산업을 떠나 흩어지지 않게 할 것이니라

46:20 그가 내게 이르시되 이는 제사장이 속건제와 속죄제 희생제물을 삶으며 소제 제물을 구울 처소니 그들이 이 성물을 가지고 바깥뜰에 나가면 백성을 거룩하게 할까 함이니라 하시고

시편 102편 | 고난 당한 자의 기도

102:1 여호와여 내 기도를 들으시고 나의 부르짖음을 주께 상달하게 하소서

102:2 나의 괴로운 날에 주의 얼굴을 내게서 숨기지 마소서 주의 귀를 내게 기울이사 내가 부르짖는 날에 속히 내게 응답하소서

102:4 내가 음식 먹기도 잊었으므로 내 마음이 풀 같이 시들고 말라 버렸사오며

102:5 나의 탄식 소리로 말미암아 나의 살이 뼈에 붙었나이다

102:17 여호와께서 빈궁한 자의 기도를 돌아보시며 그들의 기도를 멸시하지 아니하셨도다

102:26 천지는 없어지려니와 주는 영존하시겠고 그것들은 다 옷 같이 낡으리니 의복 같이 바꾸시면 바뀌려니와

102:27 주는 한결같으시고 주의 연대는 무궁하리이다

말씀연결 중심내용

왕상 16 본 장은 5명의 북 이스라엘 왕이 등장합니다. 바아사, 엘라, 시므이, 오므리, 아합입니다. 이들은 하나님의 **규례**를 따라 살아가지 않습니다. 조상들의 행실과 눈에 보여지고 만져지는 경험을 따라 살아갑니다. 결국 여로보암 집의 악한 길을 따라 죄악의 길로 갔습니다.

골 3 그리스도인은 하나님의 택함 받은 백성들로서 하나님의 **규례**를 지켜야 합니다. 위의 것을 생각하고 땅의 것을 생각하지 말아야 합니다. 사랑받는 자로서 긍휼과 자비와 겸손과 온유로 옷 입어야 합니다. 그리스도의 평강으로 마음을 주장하게 해야 합니다.

겔 46 하나님은 앞으로 새로운 이스라엘을 세우실 것입니다. 그때 필요한 **규례**들을 에스겔에게 전해주십니다. 이스라엘 백성들은 절기를 잘 지켜야 합니다. 군주들 역시 법 앞에서 평등해야 합니다. 성소는 모두 거룩한 공간인데, 심지어 제사장들이 음식을 먹는 부엌도 거룩한 공간이 됩니다. 하나님은 모든 곳에 거하실 수 있으므로 하나님의 백성은 어떤 곳에서도 거룩함과 정결함을 유지해야 합니다.

시 102 시인은 큰 괴로움과 고난에 직면해 있습니다. 얼마나 고난이 큰지 음식 먹기도 잊었다고 합니다. 이때 시인은 하나님이 어떤 분이신지 떠올립니다. 하나님은 빈궁한 자의 기도를 들으시는 분입니다. 천지는 없어져도 하나님은 영존하십니다. 이러한 하나님을 의지하면서 지금의 고난을 이겨나갑시다.

말씀묵상

규례는 일정한 규칙과 정하여진 관례입니다. 하나님은 그의 백성과 동행하며 풍성한 삶을 살기를 원하셔서 규례를 말씀해주십니다. 그러나 북이스라엘의 왕들은 하나님의 규례를 어깁니다. 하나님께서는 앞으로 다가올 시대에 필요한 규례를 에스겔 선지자에게 명하십니다. 신약시대에 바울은 골로새 교인들에게 하나님의 자녀답게 살아갈 규례들을 말씀합니다.

말씀적용 오늘의 감사

말씀적용

오늘의 감사

믿음으로 감사

소망으로 감사

사랑으로 감사

말씀암송

골 3:15 그리스도의 [ ][ ]이 너희 마음을 주장하게 하라 너희는 [ ][ ]을 위하여 한 [ ]으로 부르심을 받았나니 너희는 또한 감사하는 자가 되라

말씀기도

❶ 눈에 보이는 여로보암의 악한 길을 따르지 않게 하시고 하나님의 말씀을 따르는 하루가 되게 하소서.

❷ 한국교회가 위의 것을 생각하고 땅의 것을 생각하지 않게 하소서.

말씀배경 지식

군주는 바깥 문 현관을 통하여 들어와서 (겔 46:2)

노동하는 육일 동안에는 닫혀있는 안뜰의 동쪽 문이 안식일에는 열려야 한다. 왕은 그 문으로 들어가서 그 문지방에서 경배할 것이며, 거기서 제단의 제물을 보게 될 것이다. 이 문 바깥쪽에는, 그 문을 통해 제사드리는 모습을 보며 경배할 것이다. 왕은 번제와 소제와 그 밖의 제사를 드릴 것이다.

287 일차 365

10월 14일

문을 여는 기도

맥체인성경365
1631p

열왕기상 17장 | 골로새서 4장 | 에스겔 47장 | 시편 103편

열왕기상 17장 | 엘리야의 하늘 문을 여는 기도

17:13 엘리야가 그에게 이르되 두려워하지 말고 가서 네 말대로 하려니와 먼저
그것으로 나를 위하여 작은 떡 한 개를 만들어 내게로 가져오고 그 후에 너와 네
아들을 위하여 만들라

17:14 이스라엘의 하나님 여호와의 말씀이 나 여호와가 비를 지면에 내리는 날
까지 그 통의 가루가 떨어지지 아니하고 그 병의 기름이 없어지지 아니하리라 하
셨느니라

17:20 여호와께 부르짖어 이르되 내 하나님 여호와여 주께서 또 내가 우거하는
집 과부에게 재앙을 내리사 그 아들이 죽게 하셨나이까 하고

17:21 그 아이 위에 몸을 세 번 펴서 엎드리고 여호와께 부르짖어 이르되 내 하
나님 여호와여 원하건대 이 아이의 혼으로 그의 몸에 돌아오게 하옵소서 하니

골로새서 4장 | 바울의 전도의 문을 여는 기도

4:2 기도를 계속하고 기도에 감사함으로 깨어 있으라

4:3 또한 우리를 위하여 기도하되 하나님이 전도할 문을 우리에게 열어 주사 그
리스도의 비밀을 말하게 하시기를 구하라 내가 이 일 때문에 매임을 당하였노라

4:4 그리하면 내가 마땅히 할 말로써 이 비밀을 나타내리라

4:6 너희 말을 항상 은혜 가운데서 소금으로 맛을 냄과 같이 하라 그리하면 각
사람에게 마땅히 대답할 것을 알리라

오늘의 찬양 | 찬송가 362장 (주여 복을 주시기를)

주여 복을 주시기를 마른 땅에 비 내려 풍성하게 함과 같이 은혜 내려주소서
내게도 내게도 은혜 내려주소서

에스겔 47장 | 성전에서 나오는 물

47:1 그가 나를 데리고 성전 문에 이르시니 성전의 앞면이 동쪽을 향하였는데
그 문지방 밑에서 물이 나와 동쪽으로 흐르다가 성전 오른쪽 제단 남쪽으로 흘러
내리더라

47:2 그가 또 나를 데리고 북문으로 나가서 바깥 길로 꺾여 동쪽을 향한 바깥 문
에 이르시기로 본즉 물이 그 오른쪽에서 스며 나오더라

47:9 이 강물이 이르는 곳마다 번성하는 모든 생물이 살고 또 고기가 심히 많으
리니 이 물이 흘러 들어가므로 바닷물이 되살아나겠고 이 강이 이르는 각처에 모
든 것이 살 것이며

47:12 강 좌우 가에는 각종 먹을 과실나무가 자라서 그 잎이 시들지 아니하며 열
매가 끊이지 아니하고 달마다 새 열매를 맺으리니 그 물이 성소를 통하여 나옴이
라 그 열매는 먹을 만하고 그 잎사귀는 약 재료가 되리라

시편 103편 | 회개의 문을 여는 기도

103:8 여호와는 긍휼이 많으시고 은혜로우시며 노하기를 더디 하시고 인자하심이
풍부하시도다

103:9 자주 경책하지 아니하시며 노를 영원히 품지 아니하시리로다

103:10 우리의 죄를 따라 우리를 처벌하지는 아니하시며 우리의 죄악을 따라 우리
에게 그대로 갚지는 아니하셨으니

103:11 이는 하늘이 땅에서 높음 같이 그를 경외하는 자에게 그의 인자하심이 크
심이로다

103:12 동이 서에서 먼 것 같이 우리의 죄과를 우리에게서 멀리 옮기셨으며

103:13 아버지가 자식을 긍휼히 여김 같이 여호와께서는 자기를 경외하는 자를 긍
휼히 여기시나니

103:14 이는 그가 우리의 체질을 아시며 우리가 단지 먼지뿐임을 기억하심이로다

말씀연결 중심내용

왕상 17 하나님께서는 엘리야를 통해 사르밧 과부의 경제난을 해결해 줍니다. 한편 여인의 아들이 병에 들어 죽게 되자 엘리야는 부르짖어 하나님께 기도합니다. 엘리야의 하늘 **문을 여는 기도**가 응답되어 죽은 아들이 살아납니다. 영적으로 혼탁한 시기에도 하나님의 능력은 하나님의 사람을 통해 나타내고 있음을 알 수 있습니다.

골 4 바울은 골로새 교인들에게 기도를 계속할 것을 도전합니다. 특별히 예수그리스도의 진리를 전할 수 있도록 전도의 **문을 여는 기도**를 요청합니다. 전도가 어렵습니까? 전도가 막혔습니까? 바울의 권면대로 전도의 문을 열어달라고 기도합시다.

겔 47 하나님의 영광이 회복된 **성전에서 물이 흘러나옵니다.** 이 물은 점차 강이 되어 물이 미치는 곳들, 특히 죽음의 바다인 사해와 그 주변부에 회복을 가져다줍니다. 이처럼 오늘날의 성전에 하나님의 영광이 회복되면, 지역이 변화되고 나라가 변화될 것입니다.

시 103 하나님과 친밀히 교제한 다윗은 하나님이 어떤 분인지 잘 알고 있었습니다. 하나님은 긍휼이 많으시고 은혜로우시며, 자주 경책하지 않으시며, 노를 영원히 품지 않으십니다. 크신 사랑으로 우리의 죄과를 멀리 옮기셨으며 우리의 체질을 아시기에 용서하시는 분이십니다. 다윗의 기도를 따라 우리의 죄를 회개합시다. 시편 103편 다윗의 기도는 회개의 **문을 여는 기도**입니다.

말씀묵상

기도에 능력이 있습니다. 엘리야는 하늘 문을 여는 기도로 기적을 일으켰습니다. 바울은 전도의 문을 여는 기도를 하면서 전도할 기회를 찾았습니다. 다윗은 긍휼이 많으신 하나님께 회개의 문을 여는 기도를 드렸습니다. 인생에 닫힌 문과 같은 어려움이 있습니까? 기도로 문을 열기 바랍니다.

말씀적용 오늘의 감사

말씀적용

오늘의 감사

믿음으로 감사

소망으로 감사

사랑으로 감사

말씀암송

시 103:13 아버지가 자식을 ☐☐히 여김 같이 여호와께서는 자기를 ☐☐하는 자를 ☐☐히 여기시나니

말씀기도

❶ '전도가 안 된다'. '전도가 어렵다' 하지 않고 전도할 문을 여는 기도를 먼저 드리게 하옵소서.

❷ 주님의 성전이 된 성도들에게 하나님의 영광을 회복시켜 주시사 지역을 변화시키게 하옵소서.

❸ 인자가 많으시고 긍휼이 많으신 하나님 앞에 나의 죄를 고백합니다. 용서하옵소서.

말씀배경 지식

엘리야가 그에게 이르되 (왕상 17:13)

선지자를 대접함으로 그 여인은 불확실한 것을 확실한 것으로, 기근을 풍성함으로, 사망을 생명으로 바꾸었다.

288 일차 365

여호와삼마

맥체인성경365
1635p

10월 15일

열왕기상 18장 | 데살로니가전서 1장 | 에스겔 48장 | 시편 104편

열왕기상 18장 | 엘리야와 여호와삼마

18:21 엘리야가 모든 백성에게 가까이 나아가 이르되 너희가 어느 때까지 둘 사이에서 머뭇머뭇 하려느냐 여호와가 만일 하나님이면 그를 따르고 바알이 만일 하나님이면 그를 따를지니라 하니 백성이 말 한마디도 대답하지 아니하는지라

18:36 저녁 소제 드릴 때에 이르러 선지자 엘리야가 나아가서 말하되 아브라함과 이삭과 이스라엘의 하나님 여호와여 주께서 이스라엘 중에서 하나님이신 것과 내가 주의 종인 것과 내가 주의 말씀대로 이 모든 일을 행하는 것을 오늘 알게 하옵소서

18:37 여호와여 내게 응답하옵소서 내게 응답하옵소서 이 백성에게 주 여호와는 하나님이신 것과 주는 그들의 마음을 되돌이키심을 알게 하옵소서 하매

18:39 모든 백성이 보고 엎드려 말하되 여호와 그는 하나님이시로다 여호와 그는 하나님이시로다 하니

데살로니가전서 1장 | 데살로니가교회와 여호와삼마

1:2 우리가 너희 모두로 말미암아 항상 하나님께 감사하며 기도할 때에 너희를 기억함은

1:3 너희의 믿음의 역사와 사랑의 수고와 우리 주 예수 그리스도에 대한 소망의 인내를 우리 하나님 아버지 앞에서 끊임없이 기억함이니

1:4 하나님의 사랑하심을 받은 형제들아 너희를 택하심을 아노라

1:5 이는 우리 복음이 너희에게 말로만 이른 것이 아니라 또한 능력과 성령과 큰 확신으로 된 것임이라 우리가 너희 가운데서 너희를 위하여 어떤 사람이 된 것은 너희가 아는 바와 같으니라

1:7 그러므로 너희가 마게도냐와 아가야에 있는 모든 믿는 자의 본이 되었느니라

오늘의 찬양 | 오 신실하신 주

하나님 한 번도 나를 실망시킨 적 없으시고 언제나 공평과 은혜로 나를 지키셨네
오 신실하신 주 오 신실하신 주 내 너를 떠나지도 않으리라 내 너를 버리지도 않으리라
약속하셨던 주님 그 약속을 지키사 이후로도 영원토록 나를 지키시리라 확신하네

에스겔 48장 | **예루살렘과 여호와삼마**

48:30 그 성읍의 출입구는 이러하니라 북쪽의 너비가 사천오백 척이라

48:31 그 성읍의 문들은 이스라엘 지파들의 이름을 따를 것인데 북쪽으로 문이
셋이라 하나는 르우벤 문이요 하나는 유다 문이요 하나는 레위 문이며

48:34 서쪽도 사천오백 척이니 또한 문이 셋이라 하나는 갓 문이요 하나는 아셀
문이요 하나는 납달리 문이며

48:35 그 사방의 합계는 만 팔천 척이라 그 날 후로는 그 성읍의 이름을 여호와
삼마라 하리라

시편 104편 | **천지만물과 여호와삼마**

104:1 내 영혼아 여호와를 송축하라 여호와 나의 하나님이여 주는 심히 위대하시
며 존귀와 권위로 옷 입으셨나이다

104:2 주께서 옷을 입음 같이 빛을 입으시며 하늘을 휘장 같이 치시며

104:3 물에 자기 누각의 들보를 얹으시며 구름으로 자기 수레를 삼으시고 바람 날
개로 다니시며

104:4 바람을 자기 사신으로 삼으시고 불꽃으로 자기 사역자를 삼으시며

104:16 여호와의 나무에는 물이 흡족함이여 곧 그가 심으신 레바논 백향목들이로
다

104:24 여호와여 주께서 하신 일이 어찌 그리 많은지요 주께서 지혜로 그들을 다
지으셨으니 주께서 지으신 것들이 땅에 가득하니이다

말씀연결 중심내용

왕상 18 엘리야의 갈멜산 대결에 관한 본문입니다. 엘리야가 바알과 아세라 선지자 팔백 오십 명과의 대결에서 승리합니다. 영적으로 혼탁한 시대에 **여호와삼마**의 하나님은 엘리야와 함께 하셨습니다. 이 대결을 지켜본 모든 백성은 여호와 하나님이 참 신이심을 알게 되었습니다.

살전 1 복음을 받은 데살로니가 교인들은 성장하고 있었습니다. 믿음의 역사와 사랑의 수고와 예수님에 대한 소망을 가지고 살아갔습니다. 그들 곁에 계신 **여호와삼마**의 하나님께서 능력이 되어주셨습니다. 그들의 믿음은 주변 마게도냐와 아가야의 크리스천들에게 본이 되었습니다.

겔 48 성읍은 열두 개의 문이 있는데 이것은 레위지파를 포함한 이스라엘 각 지파의 이름을 따른 것입니다. 성읍의 이름은 **여호와삼마** 즉 '여호와께서 거기에 계시다'입니다. 놓치지 말아야 할 점은 성전의 이름이 아니라 성읍의 이름입니다. 하나님은 종교적인 영역에만 임재하시는 분이 아니십니다. 교회를 넘어 지역과 온 세상에 충만하신 분이십니다.

시 104 시인은 온 천지만물과 자연을 통해 하나님은 찬양하고 있습니다. 하나님께서는 빛을 입으시며, 하늘을 휘장 같이 펼치십니다. 물 위에 궁궐을 지으시고, 구름으로 병거를 삼으시며, 바람 날개를 타고 다니시며 바람과 불꽃을 시켜 명령을 전하시는 분이십니다. 하나님은 온 천하를 다스리시며, 거기에 거하시는 **여호와삼마**의 하나님입니다.

말씀묵상

여호와 삼마는 새 성읍의 이름입니다. 하나님께서 거기에 거하신다는 뜻입니다. 이방세력과 홀로 싸우는 선지자에게 함께 하십니다. 복음을 받은 지 얼마 되지 않은 신생교회에도 함께 하십니다. 온 천지 만물에도 함께 하시며 성전 뿐 아니라 성읍에도 함께 하십니다. 하나님은 모든 시공간을 초월하여 내가 살아가는 모든 일상에 여호와 삼마를 약속하십니다.

말씀적용 오늘의 감사

말씀적용

오늘의 감사

믿음으로 감사

소망으로 감사

사랑으로 감사

말씀암송

시 104:24 여호와여 주께서 하신 일이 어찌 그리 많은지
요 주께서 [ ][ ]로 그들을 다 지으셨으니 주께서 지으신
것들이 땅에 [ ][ ]하니이다

말씀기도

❶ 하나님과 세상 사이에서 머뭇머뭇하지 않게 하시고 오직 여호와 하나님을 따르게 하옵소서.

❷ 복음을 말로 믿을 뿐 아니라 능력과 성령과 큰 확신으로 받아들이게 하옵소서.

❸ 내가 밟는 모든 땅에 여호와께서 거하심을 믿고 오늘도 담대히 살아가게 하옵소서.

말씀배경 지식

주께서 지혜로 그들을 다 지으셨으니 (시 104:24)

시편 기자는 하나님의 기이한 피조물들에 드러난 하나님의 지혜에 놀라 잠시 멈춘다. 바다의 기이함과 생의 신비가 하나님의 섭리에 대한 예증으로 제시되었다.

열심

열왕기상 19장 | 데살로니가전서 2장 | 다니엘 1장 | 시편 105편

열왕기상 19장 | 하나님을 위한 엘리야의 열심

19:9 엘리야가 그 곳 굴에 들어가 거기서 머물더니 여호와의 말씀이 그에게 임하여 이르시되 엘리야야 네가 어찌하여 여기 있느냐

19:10 그가 대답하되 내가 만군의 하나님 여호와께 열심이 유별하오니 이는 이스라엘 자손이 주의 언약을 버리고 주의 제단을 헐며 칼로 주의 선지자들을 죽였음이오며 오직 나만 남았거늘 그들이 내 생명을 찾아 빼앗으려 하나이다

19:11 여호와께서 이르시되 너는 나가서 여호와 앞에서 산에 서라 하시더니 여호와께서 지나가시는데 여호와 앞에 크고 강한 바람이 산을 가르고 바위를 부수나 바람 가운데에 여호와께서 계시지 아니하며 바람 후에 지진이 있으나 지진 가운데에도 여호와께서 계시지 아니하며

19:12 또 지진 후에 불이 있으나 불 가운데에도 여호와께서 계시지 아니하더니 불 후에 세미한 소리가 있는지라

데살로니가전서 2장 | 데살로니가를 위한 바울의 열심

2:2 너희가 아는 바와 같이 우리가 먼저 빌립보에서 고난과 능욕을 당하였으나 우리 하나님을 힘입어 많은 싸움 중에 하나님의 복음을 너희에게 전하였노라

2:7 우리는 그리스도의 사도로서 마땅히 권위를 주장할 수 있으나 도리어 너희 가운데서 유순한 자가 되어 유모가 자기 자녀를 기름과 같이 하였으니

2:8 우리가 이같이 너희를 사모하여 하나님의 복음뿐 아니라 우리의 목숨까지도 너희에게 주기를 기뻐함은 너희가 우리의 사랑하는 자 됨이라

2:9 형제들아 우리의 수고와 애쓴 것을 너희가 기억하리니 너희 아무에게도 폐를 끼치지 아니하려고 밤낮으로 일하면서 너희에게 하나님의 복음을 전하였노라

오늘의 찬양 | 하나님의 열심

내가 무엇을 자랑하고 무엇을 내세우리 나도 내가 아닌 것을 알고 있네 내가 숨 쉬며 살아가고 주의 길을 갈 수 있는 것 나와 함께하시는 주님의 은혜로다 나의 공로가 아닌 주의 은혜 나의 선택이 아닌 주의 경륜 나의 믿음도 주가 주셨으며 나를 의롭다 하셨네 모든 열방이 구원에 이르도록 쉬지 아니하시는 하나님의 손길 주의 영광을 위해 일하시는 여호와의 열심을 찬양해 모든 만물은 주를 찬양하여라 기뻐하고 즐거워하라 모든 영광과 존귀 지혜와 감사 찬송을 영원 세세토록 돌릴지어다

다니엘 1장 | 신앙을 지키기 위한 다니엘의 열심

1:8 다니엘은 뜻을 정하여 왕의 음식과 그가 마시는 포도주로 자기를 더럽히지 아니하리라 하고 자기를 더럽히지 아니하도록 환관장에게 구하니

1:12 청하오니 당신의 종들을 열흘 동안 시험하여 채식을 주어 먹게 하고 물을 주어 마시게 한 후에

1:13 당신 앞에서 우리의 얼굴과 왕의 음식을 먹는 소년들의 얼굴을 비교하여 보아서 당신이 보는 대로 종들에게 행하소서 하매

1:15 열흘 후에 그들의 얼굴이 더욱 아름답고 살이 더욱 윤택하여 왕의 음식을 먹는 다른 소년들보다 더 좋아 보인지라

시편 105편 | 이스라엘 백성을 위한 하나님의 열심

105:5-6 그의 종 아브라함의 후손 곧 택하신 야곱의 자손 너희는 그가 행하신 기적과 그의 이적과 그의 입의 판단을 기억할지어다

105:11 이르시기를 내가 가나안 땅을 네게 주어 너희에게 할당된 소유가 되게 하리라 하셨도다

105:17 그가 한 사람을 앞서 보내셨음이여 요셉이 종으로 팔렸도다

105:37 마침내 그들을 인도하여 은 금을 가지고 나오게 하시니 그의 지파 중에 비틀거리는 자가 하나도 없었도다

105:39 여호와께서 낮에는 구름을 펴사 덮개를 삼으시고 밤에는 불로 밝히셨으며

105:45 이는 그들이 그의 율례를 지키고 그의 율법을 따르게 하려 하심이로다 할렐루야

말씀연결 중심내용

왕상 19 이세벨은 바알과 아세라 선지자들이 크게 패했다는 소식을 듣고, 엘리야를 죽이려 합니다. 엘리야는 큰 사역을 잘 마쳤지만, 자신의 내면을 다루는 것에는 실패했는지, 두려움에 휩싸입니다. 하나님께 **열심**을 내어 사역한 결과에 만족하지 못한 엘리야에게, 하나님은 세미한 소리로 찾아와 주시고 만나 주십니다.

살전 2 바울을 데살로니가에 복음을 전하기 위해 **열심**히 수고하였습니다. 빌립보에서 고난과 능욕을 당했음에도 복음의 씨를 뿌렸습니다. 사도로서의 권위를 포기하고 유순한 자가 되었습니다. 바울은 심지어 목숨도 줄 수 있다고 합니다. 또한 사례비를 받지 않고 밤낮으로 일한 대가로 복음을 전하는데 사용했습니다.

단 1 다니엘은 뜻을 정하여 왕의 음식과 포도주를 먹지 않겠다고 다짐합니다. 당시 왕의 음식은 이방 신전에 바쳐졌던 음식이기에, 먹는 순간 신앙고백을 하는 행위였기 때문입니다. 이처럼 다니엘은 하나님의 백성으로서 신앙을 지키기 위해 **열심**을 냅니다.

시 105 이스라엘의 과거를 회상하며 백성을 위한 하나님의 **열심**을 찬양합니다. 하나님은 아브라함을 택하셔서 가나안 땅을 약속하셨습니다. 그 뒤로 야곱, 요셉, 모세를 선택하셔서 이스라엘 백성을 애굽에서 구원하시고 광야에서는 구름기둥과 불기둥으로 인도하신 하나님이십니다. 결국 약속한 가나안 땅을 허락하셨는데, 이 모든 것은 여호와의 말씀을 따르게 하기 위함입니다.

말씀묵상

열심은 어떤 일에 온 정성을 다하여 골똘하게 힘쓰는 것을 뜻합니다. 하나님은 이스라엘 백성을 향한 열심으로 그들을 구원하셨습니다. 엘리야는 하나님을 위해 열심을 냈지만 결국 지쳐버립니다. 다니엘은 이방 땅에서 신앙을 지키기 위한 열심을 냅니다. 바울은 데살로니가에 복음을 전하기 위해 열심을 냅니다. 나는 오늘 무엇에 열심을 내고 있습니까? 그 열심은 건강한 열심입니까?

말씀적용 오늘의 감사

말씀적용

오늘의 감사

믿음으로 감사

소망으로 감사

사랑으로 감사

말씀암송

단 1:8 □□□은 뜻을 정하여 왕의 음식과 그가 마시는 □□□로 자기를 더럽히지 아니하리라 하고 자기를 더럽히지 아니하도록 환관장에게 구하니

말씀기도

❶ 하나님을 위해 열심을 내다가 지쳤을 때 세미한 소리로 내게 찾아와 주옵소서.
❷ 뜻을 정하여 세상 속에서 바른 신앙을 지켜내게 하옵소서.
❸ 과거로부터 지금까지 나를 위해 열심을 내시는 하나님께 찬송과 경배를 올려드립니다.

말씀배경 지식

환관장 (단 1:8)

"환관"은 거세된 남자를 기리킨다. 여러 가지 이유들로 인해, 환관들은 왕의 후궁들을 책임지는 경우가 허다했다. 때때로 '환관'이란 단어는 비유적으로 사용되어서 단순히 관리들을 가리키기도 하였다. 다니엘과 그의 친구들이 거세되었을 가능성은 매우 높다.

누구를 위함인가?

열왕기상 20장 | 데살로니가전서 3장 | 다니엘 2장 | 시편 106편

열왕기상 20장 | 죄인을 위해 선지자를 보내심

20:40 종이 이리 저리 일을 볼 동안에 그가 없어졌나이다 이스라엘 왕이 그에게 이르되 네가 스스로 결정하였으니 그대로 당하여야 하리라

20:41 그가 급히 자기의 눈을 가린 수건을 벗으니 이스라엘 왕이 그는 선지자 중의 한 사람인 줄을 알아본지라

20:42 그가 왕께 아뢰되 여호와의 말씀이 내가 멸하기로 작정한 사람을 네 손으로 놓았은즉 네 목숨은 그의 목숨을 대신하고 네 백성은 그의 백성을 대신하리라 하셨나이다

20:43 이스라엘 왕이 근심하고 답답하여 그의 왕궁으로 돌아가려고 사마리아에 이르니라

데살로니가전서 3장 | 데살로니가를 위해 디모데를 보냄

3:1 이러므로 우리가 참다 못하여 우리만 아덴에 머물기를 좋게 생각하고

3:2 우리 형제 곧 그리스도의 복음을 전하는 하나님의 일꾼인 디모데를 보내노니 이는 너희를 굳건하게 하고 너희 믿음에 대하여 위로함으로

3:3 아무도 이 여러 환난 중에 흔들리지 않게 하려 함이라 우리가 이것을 위하여 세움 받은 줄을 너희가 친히 알리라

3:5 이러므로 나도 참다 못하여 너희 믿음을 알기 위하여 그를 보내었노니 이는 혹 시험하는 자가 너희를 시험하여 우리 수고를 헛되게 할까 함이니

오늘의 찬양 | 누구 때문에

누구 때문에 주님 십자가 지셨나요 무엇 때문에 주님이 못 박히셨나요
나를 위하여 주님 십자가를 지시고 나의 자랑이 되시기 위해 못 박혀 죽으셨으니
십자가를 지신 주님을 사랑합니다 못 박혀 죽으신 주님을 사랑합니다

다니엘 2장 | 느부갓네살을 위해 다니엘을 보냄

2:3 왕이 그들에게 이르되 내가 꿈을 꾸고 그 꿈을 알고자 하여 마음이 번민하도다 하니

2:25 이에 아리옥이 다니엘을 데리고 급히 왕 앞에 들어가서 아뢰되 내가 사로잡혀 온 유다 자손 중에서 한 사람을 찾아내었나이다 그가 그 해석을 왕께 알려 드리리이다 하니라

2:26 왕이 대답하여 벨드사살이라 이름한 다니엘에게 이르되 내가 꾼 꿈과 그 해석을 네가 능히 내게 알게 하겠느냐 하니

2:27 다니엘이 왕 앞에 대답하여 이르되 왕이 물으신 바 은밀한 것은 지혜자나 술객이나 박수나 점쟁이가 능히 왕께 보일 수 없으되

2:28 오직 은밀한 것을 나타내실 이는 하늘에 계신 하나님이시라 그가 느부갓네살 왕에게 후일에 될 일을 알게 하셨나이다 왕의 꿈 곧 왕이 침상에서 머리 속으로 받은 환상은 이러하니이다

시편 106편 | 이스라엘을 위해 일하시는 하나님

106:7 우리의 조상들이 애굽에 있을 때 주의 기이한 일들을 깨닫지 못하며 주의 크신 인자를 기억하지 아니하고 바다 곧 홍해에서 거역하였나이다

106:8 그러나 여호와께서는 자기의 이름을 위하여 그들을 구원하셨으니 그의 큰 권능을 만인이 알게 하려 하심이로다

106:13 그러나 그들은 그가 행하신 일을 곧 잊어버리며 그의 가르침을 기다리지 아니하고

106:14 광야에서 욕심을 크게 내며 사막에서 하나님을 시험하였도다

106:43 여호와께서 여러 번 그들을 건지시나 그들은 교묘하게 거역하며 자기 죄악으로 말미암아 낮아짐을 당하였도다

말씀연결 중심내용

왕상 20 아합 왕은 여호와께서 멸하기로 작정한 사람을 자신의 마음대로 그냥 돌려보냅니다. 하나님께서는 **죄를 지은 아합을 위해** 선지자를 보내어 잘못을 깨우칩니다. 아합은 심판을 선고받고 근심하고 답답해합니다.

살전 3 바울은 과거에 **데살로니가 교인들을 위해** 디모데를 파송했습니다. 디모데는 데살로니가 교인들이 여러 이단의 시험과 환난 중에서 흔들리지 않게 하기 위해 믿음을 굳게 하고, 위로했습니다. 지금은 디모데가 돌아와 그들의 믿음과 사랑의 소식을 전해주었으므로 바울이 도리어 위로를 받았습니다.

단 2 느부갓네살이 꾼 꿈으로 인해 마음이 괴로워 잠을 자지 못했습니다. 온 땅의 지혜자들이 그 꿈을 해석하지 못했지만 다니엘은 하나님이 주신 지혜로 그 꿈을 해석합니다. 하나님은 **느부갓네살을 위해** 다니엘을 보내셨고, 느부갓네살은 하나님의 이름을 높이며, 다니엘과 세 친구를 높은 관직에 세웁니다.

시 106 시인은 이스라엘의 역사를 되돌아보면서, **이스라엘을 위해** 쉬지 않고 일하신 하나님을 찬양합니다. 하나님은 이스라엘을 돌보셨지만, 이스라엘은 하나님을 반역했습니다. 그럼에도 불구하고 하나님은 여러 번 그들을 건지셨으나 교묘하게 하나님을 거역해왔다고 고백합니다.

말씀묵상

하나님은 끊임없이 이스라엘 백성들을 돌보셨습니다. 그러나 그들은 교묘하게 거역하며 계속해서 자기 죄악으로 낮아짐을 당합니다. 하나님은 죄를 깨우치기 위해 선지자를 보내십니다. 주님의 몸 된 교회를 세우기 위해 디모데를 보내십니다. 이방나라의 왕을 위해 다니엘을 보내셔서 세계의 역사를 주관하십니다. 하나님은 지금도 우리를 위해 쉬지 않고 졸지 않고 일하시고 계십니다.

말씀적용 오늘의 감사

말씀적용

오늘의 감사

믿음으로 감사

소망으로 감사

사랑으로 감사

말씀암송

시 106:43 여호와께서 여러 번 그들을 건지시나 그들은 교묘하게 거역하며 자기 ☐☐으로 말미암아 낮아짐을 당하였도다

말씀기도

❶ 이단과 사이비가 많은 세상 속에서 말씀 위에 굳건히 서게 하옵소서.
❷ 하나님의 사람들을 통해 나라의 위정자와 통치자들을 움직이시고 온 세상을 주관하여 주옵소서.
❸ 하나님을 교묘하게 거역하는 일은 없는지 돌아보게 하시고 나의 죄악으로 넘어지지 않게 하옵소서.

말씀배경 지식

후일에 될 일을 (단 2:28)

느부갓네살이 꾼 꿈과 그 꿈의 해석에 의해 계시될 예언의 범위이다. 이 표현을 단지 종말에만 국한하려는 것은 잘못이다. "후일에 될 일"이란 표현은 일반적인 예언서나 예언문학에 흔히 나오는 표현으로서 발전되어 메시아 시대에 그 절정에 이를 미래를 가리킨다. 이 말은 그리스도의 초림과 재림, 그리고 그 사이의 기간을 포함하고 있으므로 현시대도 그 안에 포함되는 것이다.

291 일차 365

하나님의 기쁨

맥체인성경365
1655p

10월 18일

열왕기상 21장 | 데살로니가전서 4장 | 다니엘 3장 | 시편 107편

열왕기상 21장 | 하나님의 기쁨이 되지 못한 아합왕

21:17 여호와의 말씀이 디셉 사람 엘리야에게 임하여 이르시되

21:18 너는 일어나 내려가서 사마리아에 있는 이스라엘의 아합 왕을 만나라 그가 나봇의 포도원을 차지하러 그리로 내려갔나니

21:19 너는 그에게 말하여 이르기를 여호와의 말씀이 네가 죽이고 또 빼앗았느냐고 하셨다 하고 또 그에게 이르기를 여호와의 말씀이 개들이 나봇의 피를 핥은 곳에서 개들이 네 피 곧 네 몸의 피도 핥으리라 하였다 하라

21:27 아합이 이 모든 말씀을 들을 때에 그의 옷을 찢고 굵은 베로 몸을 동이고 금식하고 굵은 베에 누우며 또 풀이 죽어 다니더라

데살로니가전서 4장 | 하나님의 기쁨이 되는 생활

4:1 그러므로 형제들아 우리가 끝으로 주 예수 안에서 너희에게 구하고 권면하노니 너희가 마땅히 어떻게 행하며 하나님을 기쁘시게 할 수 있는지를 우리에게 배웠으니 곧 너희가 행하는 바라 더욱 많이 힘쓰라

4:3 하나님의 뜻은 이것이니 너희의 거룩함이라 곧 음란을 버리고

4:4 각각 거룩함과 존귀함으로 자기의 아내 대할 줄을 알고

4:5 하나님을 모르는 이방인과 같이 색욕을 따르지 말고

4:11 또 너희에게 명한 것 같이 조용히 자기 일을 하고 너희 손으로 일하기를 힘쓰라

오늘의 찬양 | 찬송가 509장 (기쁜 일이 있어 천국 종 치네)

기쁜 일이 있어 천국 종 치네 나간 아들 돌아왔도다 아버지가 친히 마중 나가서
잃은 자식 반겨맞았다 영광 영광 주께 돌리세 하늘 비파소리 울리네
파도 소리 같은 찬양 소리를 천지진동하게 부르세

다니엘 3장 | 하나님의 기쁨이 되는 다니엘의 세 친구

3:17 왕이여 우리가 섬기는 하나님이 계시다면 우리를 맹렬히 타는 풀무불 가운데에서 능히 건져내시겠고 왕의 손에서도 건져내시리이다

3:18 그렇게 하지 아니하실지라도 왕이여 우리가 왕의 신들을 섬기지도 아니하고 왕이 세우신 금 신상에게 절하지도 아니할 줄을 아옵소서

3:26 느부갓네살이 맹렬히 타는 풀무불 아귀 가까이 가서 불러 이르되 지극히 높으신 하나님의 종 사드락, 메삭, 아벳느고야 나와서 이리로 오라 하매 사드락과 메삭과 아벳느고가 불 가운데에서 나온지라

3:28 느부갓네살이 말하여 이르되 사드락과 메삭과 아벳느고의 하나님을 찬송할지로다 그가 그의 천사를 보내사 자기를 의뢰하고 그들의 몸을 바쳐 왕의 명령을 거역하고 그 하나님 밖에는 다른 신을 섬기지 아니하며 그에게 절하지 아니한 종들을 구원하셨도다

시편 107편 | 하나님의 기쁨이 되는 찬송

107:8 여호와의 인자하심과 인생에게 행하신 기적으로 말미암아 그를 찬송할지로다

107:9 그가 사모하는 영혼에게 만족을 주시며 주린 영혼에게 좋은 것으로 채워주심이로다

107:20 그가 그의 말씀을 보내어 그들을 고치시고 위험한 지경에서 건지시는도다

107:42 정직한 자는 보고 기뻐하며 모든 사악한 자는 자기 입을 봉하리로다

107:43 지혜 있는 자들은 이러한 일들을 지켜 보고 여호와의 인자하심을 깨달으리로다

말씀연결 중심내용

왕상 21 아합이 나봇의 포도원을 갖고 싶어합니다. 아합의 마음을 알게 된 이세벨은 나봇을 죽이고 포도원을 빼앗습니다. 하나님은 이 모든 사실을 지켜보고 계셨습니다. **하나님의 기쁨**이 되지 못한 아합왕은 엘리야를 통해 심판을 선고받습니다.

살전 4 골로새 교인들은 어떻게 하면 **하나님을 기쁘시게** 할 수 있는지 배웠습니다. 곧 거룩하게 살아가는 것입니다. 음란을 버리고, 아내를 존귀히 대하며, 이방인과 같이 색욕을 따르지 말고, 자신이 맡은 일을 착실하게 행하는 것입니다.

단 3 사드락, 메삭, 아벳느고는 금신상에게 절하지 않은 이유로, 화형에 처해지게 됩니다. 그러나 머리털도 상하지 않고 겉옷의 빛도 변하지 않았습니다. 끝까지 믿음을 저버리지 않은 이들을 하나님이 돌아보신 것입니다. 다니엘에 이어 세 친구는 **하나님의 기쁨**이 되고 있습니다.

시 107 시인은 하나님의 사랑과 인생에 행하신 기적으로 인해 그를 찬양하고 있습니다. 하나님은 사모하는 영혼에게 만족을 주시며 주린 영혼에게 좋은 것을 채워주십니다. 교만할 때 낮추시고, 구원을 바랄 때 건져주십니다. 힘겨울 때 말씀을 보내주심으로 위험에서 건지십니다. 이러한 하나님을 찬송할 때 우리의 찬송은 **하나님의 기쁨**이 될 것입니다.

말씀묵상

나는 하나님의 기쁨이 되는 삶을 살아가고 있습니까? 아합 왕은 약자의 가진 것을 빼앗아 하나님의 기쁨이 되지 못합니다. 다니엘의 세 친구는 '그리 아니하실지라도'의 믿음으로 하나님의 기쁨이 됩니다. 음란함을 버리고 자신의 맡겨진 일에 힘쓰는 것은 하나님의 기쁨이 되는 생활입니다. 하나님의 사랑과 인생에게 행하신 기적을 찬양할 때 하나님은 기뻐하실 것입니다.

말씀적용 오늘의 감사

말씀적용

오늘의 감사

믿음으로 감사

소망으로 감사

사랑으로 감사

말씀암송

시 107:9 그가 사모하는 □□에게 만족을 주시며 주린 □□에게 좋은 것으로 채워주심이로다

말씀기도

❶ 이 땅에서 강자가 약자의 가진 것을 빼앗는 일이 없게 하옵소서.
❷ 음란함을 버리고 자신의 일에 최선을 다하는 삶을 살게 하옵소서.
❸ 그리 아니하실지라도의 믿음으로 늘 하나님의 편에 서게 하옵소서.

말씀배경 지식

아합이
이 모든 말씀을
들을 때에
그의 옷을 찢고
(왕상 21:27)

아합은 진실되이 회개하면서 베옷을 걸치고 재를 뒤집어썼다. 그리고 풀이 죽어 다녔다. 이는 생명에 이르는 회개가 아니라 잠정적인 보응을 경감시키려는 일시적인 회개에 불과했다.

292 일차 / 365

말씀대로

맥체인성경365
1661p

10월 19일

열왕기상 22장 | 데살로니가전서 5장 | 다니엘 4장 | 시편 108-109편

열왕기상 22장 | 말씀대로 이루어진 미가야 선지자의 예언

22:23 이제 여호와께서 거짓말하는 영을 왕의 이 모든 선지자의 입에 넣으셨고 또 여호와께서 왕에 대하여 화를 말씀하셨나이다

22:24 그나아나의 아들 시드기야가 가까이 와서 미가야의 뺨을 치며 이르되 여호와의 영이 나를 떠나 어디로 가서 네게 말씀하시더냐

22:25 미가야가 이르되 네가 골방에 들어가서 숨는 그 날에 보리라

22:35 이 날에 전쟁이 맹렬하였으므로 왕이 병거 가운데에 붙들려 서서 아람 사람을 막다가 저녁에 이르러 죽었는데 상처의 피가 흘러 병거 바닥에 고였더라

데살로니가전서 5장 | 말씀대로 이루어질 예수그리스도의 재림

5:2 주의 날이 밤에 도둑 같이 이를 줄을 너희 자신이 자세히 알기 때문이라

5:3 그들이 평안하다, 안전하다 할 그 때에 임신한 여자에게 해산의 고통이 이름과 같이 멸망이 갑자기 그들에게 이르리니 결코 피하지 못하리라

5:4 형제들아 너희는 어둠에 있지 아니하매 그 날이 도둑 같이 너희에게 임하지 못하리니

5:5 너희는 다 빛의 아들이요 낮의 아들이라 우리가 밤이나 어둠에 속하지 아니하나니

5:6 그러므로 우리는 다른 이들과 같이 자지 말고 오직 깨어 정신을 차릴지라

오늘의 찬양 | 말씀하시면

주님 말씀하시면 내가 나아가리다 주님 뜻이 아니면 내가 멈춰 서리다 나의 가고 서는 것 주님 뜻에 있으니 오 주님 나를 이끄소서(×2) 뜻하신 그곳에 나 있기 원합니다 이끄시는 대로 순종하며 살리니 연약한 내 영혼 통하여 일하소서 주님 나라와 그 뜻을 위하여(×2) 오 주님 나를 이끄소서

다니엘 4장 | 말씀대로 이루어진 느부갓네살의 꿈

4:18 나 느부갓네살 왕이 이 꿈을 꾸었나니 너 벨드사살아 그 해석을 밝히 말하라 내 나라 모든 지혜자가 능히 내게 그 해석을 알게 하지 못하였으나 오직 너는 능히 하리니 이는 거룩한 신들의 영이 네 안에 있음이라

4:25 왕이 사람에게서 쫓겨나서 들짐승과 함께 살며 소처럼 풀을 먹으며 하늘 이슬에 젖을 것이요 이와 같이 일곱 때를 지낼 것이라 그 때에 지극히 높으신 이가 사람의 나라를 다스리시며 자기의 뜻대로 그것을 누구에게든지 주시는 줄을 아시리이다

4:27 그런즉 왕이여 내가 아뢰는 것을 받으시고 공의를 행함으로 죄를 사하고 가난한 자를 긍휼히 여김으로 죄악을 사하소서 그리하시면 왕의 평안함이 혹시 장구하리이다 하니라

4:28 이 모든 일이 다 나 느부갓네살 왕에게 임하였느니라

시편 108-109편 | 말씀대로 이루어지길 간구하는 다윗

108:7 하나님이 그의 성소에서 말씀하시되 내가 기뻐하리라 내가 세겜을 나누며 숙곳 골짜기를 측량하리라

108:8 길르앗이 내 것이요 므낫세도 내 것이며 에브라임은 내 머리의 투구요 유다는 나의 규이며

108:9 모압은 내 목욕통이라 에돔에는 내 신발을 벗어 던질지며 블레셋 위에서 내가 외치리라 하셨도다

108:11 하나님이여 주께서 우리를 버리지 아니하셨나이까 하나님이여 주께서 우리의 군대들과 함께 나아가지 아니하시나이다

109:26 여호와 나의 하나님이여 나를 도우시며 주의 인자하심을 따라 나를 구원하소서

말씀연결 중심내용

왕상 22 하나님의 말씀을 자신의 구미에 맞게 골라듣던 시기에 일어난 일입니다. 전쟁을 앞두고 싸우러 갈지 여부를 묻자, 미가야는 거짓선지자 400명과 반대되는 내용으로 전쟁에서 폐할 것이라 말합니다. **말씀대로** 이스라엘의 아합왕은 죽음을 맞이하게 됩니다. 미가야 선지자와 같이 하나님의 말씀을 받기 위해서는 골방에서 하나님을 만나는 시간이 필요합니다.

살전 5 주의 날은 밤에 도둑같이 임할 것입니다. 그들이 평안하다 안전하다 할 때에 갑자기 이를 것입니다. 그러나 그리스도인은 빛의 아들이요 낮의 아들이므로 어둠에 있지 않습니다. 그러니 잠자지 말고 깨어 정신을 차려야 합니다. 예수 그리스도의 재림은 **말씀대로** 이루어질 것이기 때문입니다.

단 4 느부갓네살의 꿈은 **말씀대로** 이루어졌습니다. 온 세상의 주권자가 되시는 하나님은 교만한 자를 낮추고 겸손한 자를 일으키십니다. 느부갓네살은 결국 여호와 하나님의 주권을 인정하게 됩니다. 여호와 하나님은 세상에서 가장 강력한 나라와 가장 강력한 사람을 다스리시는 하나님이심을 알 수 있습니다.

시 108-109 하나님은 세겜과 숙곳을 다시 이스라엘 영토로 회복하시겠다 약속하셨습니다. 또한 모압, 에돔, 블레셋을 멸하신다고 약속하셨습니다. 그러나 아직 약속이 이루어지지 않았나봅니다. 다윗은 이렇게 말씀하신 하나님께서 어찌하여 우리를 버리셨냐고 반문하면서, **말씀대로** 이루어지기를 간구하고 있습니다.

말씀묵상

미가야 선지자의 예언과 느부갓네살의 꿈 해석은 말씀대로 이루어졌습니다. 다윗은 하나님의 약속을 기억하며 말씀대로 이루어주시길 기도하고 있습니다. 하나님은 말씀하시는 분입니다. 그리고 말씀을 이루시는 신실하신 분이십니다. 예수 그리스도의 재림도 말씀대로 이루어질 것입니다.

말씀적용 오늘의 감사

말씀적용

오늘의 감사

믿음으로 감사

소망으로 감사

사랑으로 감사

말씀암송

살전 5:6 그러므로 우리는 다른 이들과 같이 자지 말고 오직 깨어 [ ][ ]을 차릴지라

말씀기도

❶ 하나님의 말씀은 반드시 이루어짐을 믿으며 오늘도 말씀대로 살아가게 하옵소서.
❷ 이 땅의 모든 목회자와 사역자들이 미가야 선지자와 같이 참된 말씀만 선포하게 하옵소서.
❸ 어둠에 속한 자가 아니라 낮에 속한 자로서 늘 깨어 있게 하옵소서.

말씀배경 지식

해산의 고통이 이름과 같이 (살전 5:3)

이러한 비유가 구약(사 13:8, 호 13:13, 렘 4:31)과 복음서(마 24:8, 막 13:8)에 자주 나온다. 바울이 강조하고 있는 것은 고통이 아니라 그날이 갑작스럽게 사정없이 임한다는 것이다. 일단 진통이 시작되면 피할 길이 없다.

형벌

맥체인성경365
1669p

열왕기하 1장 | 데살로니가후서 1장 | 다니엘 5장 | 시편 110-111편

열왕기하 1장 | 아하시야에게 내려진 형벌

1:2 아하시야가 사마리아에 있는 그의 다락 난간에서 떨어져 병들매 사자를 보내며 그들에게 이르되 가서 에그론의 신 바알세붑에게 이 병이 낫겠나 물어 보라 하니라

1:3 여호와의 사자가 디셉 사람 엘리야에게 이르되 너는 일어나 올라가서 사마리아 왕의 사자를 만나 그에게 이르기를 이스라엘에 하나님이 없어서 너희가 에그론의 신 바알세붑에게 물으러 가느냐

1:16 말하되 여호와의 말씀이 네가 사자를 보내 에그론의 신 바알세붑에게 물으려 하니 이스라엘에 그의 말을 물을 만한 하나님이 안 계심이냐 그러므로 네가 그 올라간 침상에서 내려오지 못할지라 네가 반드시 죽으리라 하셨다 하니라

1:17 왕이 엘리야가 전한 여호와의 말씀대로 죽고 그가 아들이 없으므로 여호람이 그를 대신하여 왕이 되니 유다 왕 여호사밧의 아들 여호람의 둘째 해였더라

데살로니가후서 1장 | 주의 강림에 내려질 형벌

1:7 환난을 받는 너희에게는 우리와 함께 안식으로 갚으시는 것이 하나님의 공의시니 주 예수께서 자기의 능력의 천사들과 함께 하늘로부터 불꽃 가운데에 나타나실 때에

1:8 하나님을 모르는 자들과 우리 주 예수의 복음에 복종하지 않는 자들에게 형벌을 내리시리니

1:9 이런 자들은 주의 얼굴과 그의 힘의 영광을 떠나 영원한 멸망의 형벌을 받으리로다

1:11 이러므로 우리도 항상 너희를 위하여 기도함은 우리 하나님이 너희를 그 부르심에 합당한 자로 여기시고 모든 선을 기뻐함과 믿음의 역사를 능력으로 이루게 하시고

오늘의 찬양 | 찬송가 516장 (옳은 길 따르라 의의 길을)

옳은 길 따르라 의의 길을 세계 만민의 참된 길 이 길 따라서 살기를
온 세계에 전하세 만백성이 나갈 길 어둔 밤 지나고 동튼다 환한 빛 보아라 저 빛
주 예수의 나라 이 땅에 곧 오겠네 오겠네

다니엘 5장 | 벨사살에게 내려진 형벌

5:22 벨사살이여 왕은 그의 아들이 되어서 이것을 다 알고도 아직도 마음을 낮추지 아니하고

5:23 도리어 자신을 하늘의 주재보다 높이며 그의 성전 그릇을 왕 앞으로 가져다가 왕과 귀족들과 왕후들과 후궁들이 다 그것으로 술을 마시고 왕이 또 보지도 듣지도 알지도 못하는 금, 은, 구리, 쇠와 나무, 돌로 만든 신상들을 찬양하고 도리어 왕의 호흡을 주장하시고 왕의 모든 길을 작정하시는 하나님께는 영광을 돌리지 아니한지라

5:25 기록된 글자는 이것이니 곧 메네 메네 데겔 우바르신이라

5:29 이에 벨사살이 명하여 그들이 다니엘에게 자주색 옷을 입히게 하며 금 사슬을 그의 목에 걸어 주고 그를 위하여 조서를 내려 나라의 셋째 통치자로 삼으니라

5:30 그 날 밤에 갈대아 왕 벨사살이 죽임을 당하였고

시편 110-111편 | 원수들에게 내려질 형벌

110:1 여호와께서 내 주에게 말씀하시기를 내가 네 원수들로 네 발판이 되게 하기까지 너는 내 오른쪽에 앉아 있으라 하셨도다

110:2 여호와께서 시온에서부터 주의 권능의 규를 내보내시리니 주는 원수들 중에서 다스리소서

111:7 그의 손이 하는 일은 진실과 정의이며 그의 법도는 다 확실하니

111:9 여호와께서 그의 백성을 속량하시며 그의 언약을 영원히 세우셨으니 그의 이름이 거룩하고 지존하시도다

111:10 여호와를 경외함이 지혜의 근본이라 그의 계명을 지키는 자는 다 훌륭한 지각을 가진 자이니 여호와를 찬양함이 영원히 계속되리로다

말씀연결 중심내용

왕하 1 북이스라엘 왕 아하시야가 난간에서 떨어져 병이 들었습니다. 그는 하나님께 묻지 않고 에그론의 신 바알세붑에게 병이 나을 수 있는지 물어보려 합니다. 하나님께서는 **아하시야에게 형벌을 내리셨고**, 말씀대로 아하시야는 죽게 됩니다.

살후 1 데살로니가 교인들에게 주시는 말씀입니다. 예수 그리스도를 믿음으로 현세에 환난을 받는 신자는 주의 강림에 안식을 누리게 될 것입니다. 그러나 하나님을 모르는 자들은 **주의 강림의 날에 형벌**을 받게 될 것입니다.

단 5 벨사살 왕이 성전의 그릇을 가져다 술을 마시고 각종 신상들을 찬양합니다. 이때 손가락이 나와서 메네 메네 데겔 우바르신이라 씁니다. 이는 **벨사살 왕에게 내려진 형벌**로서 왕과 바벨론을 심판하신 다는 뜻입니다. 그날 밤 벨사살은 죽임을 당합니다.

시 110-111 주님께서는 원수들을 멸하시고 최후 승리를 이루실 것입니다. 시편 110편은 메시아 시편으로서 예수그리스도를 통한 하나님의 통치와 최후 승리를 예표하고 있습니다. **원수들은 형벌**을 면치 못할 것이지만, 111편 말씀처럼 하나님의 백성은 예수 그리스도의 피 값으로 구원을 얻게 될 것입니다.

말씀묵상

하나님은 정의와 공의의 하나님이십니다. 악인은 반드시 심판하시며 의인은 구원하십니다. 아하시야는 에그론의 신 바알세붑을 의지하여 형벌을 받습니다. 벨사살은 성전의 그릇으로 술을 마시고 신상들에게 절을 한 대가로 형벌을 받습니다. 예수 그리스도께서 이 땅에 다시 오실 강림의 날에 하나님을 모르는 자들과 원수들은 형벌을 면치 못할 것입니다.

말씀적용 오늘의 감사

말씀적용

오늘의 감사

믿음으로 감사

소망으로 감사

사랑으로 감사

말씀암송

시 111:9 여호와께서 그의 백성을 ☐☐하시며 그의 ☐☐을 영원히 세우셨으니 그의 이름이 거룩하고 ☐☐하시도다

말씀기도

❶ 주의 강림에 앞서 늘 깨어서 기도하게 하시고 믿지 않는 자들에게 복음을 전하게 하소서.

❷ 문제가 있을 때 세상의 것에 의지하는 것이 아니라, 하나님께 묻게 하옵소서.

❸ 벨사살을 반면교사 삼아 마음을 낮추고 겸손한 삶을 살게 하옵소서.

말씀배경 지식

그의 손이 하는 일은 진실과 정의이며 (시 111:7)

하나님께서 만나와 메추라기를 공급하신 사실은, 그분이 언약을 기억하셨음을 입증한다. 가나안 정복에서 하나님께서 행하신 일은 아브라함에게 주신 자기 언약을 이루시는 하나님의 의도를 보여주었다. 하나님의 행하신 일의 진실성은 그분의 신실하심으로 알려진다.

역사

맥체인성경365
1674p

열왕기하 2장 | 데살로니가후서 2장 | 다니엘 6장 | 시편 112-113편

열왕기하 2장 | 성령의 역사를 구하는 엘리사

2:1 여호와께서 회오리 바람으로 엘리야를 하늘로 올리고자 하실 때에 엘리야가 엘리사와 더불어 길갈에서 나가더니

2:9 건너매 엘리야가 엘리사에게 이르되 나를 네게서 데려감을 당하기 전에 내가 네게 어떻게 할지를 구하라 엘리사가 이르되 당신의 성령이 하시는 역사가 갑절이나 내게 있게 하소서 하는지라

2:11 두 사람이 길을 가며 말하더니 불수레와 불말들이 두 사람을 갈라놓고 엘리야가 회오리 바람으로 하늘로 올라가더라

2:12 엘리사가 보고 소리 지르되 내 아버지여 내 아버지여 이스라엘의 병거와 그 마병이여 하더니 다시 보이지 아니하는지라 이에 엘리사가 자기의 옷을 잡아 둘로 찢고

데살로니가후서 2장 | 마지막 때에 나타날 미혹의 역사

2:1 형제들아 우리가 너희에게 구하는 것은 우리 주 예수 그리스도의 강림하심과 우리가 그 앞에 모임에 관하여

2:2 영으로나 또는 말로나 또는 우리에게서 받았다 하는 편지로나 주의 날이 이르렀다고 해서 쉽게 마음이 흔들리거나 두려워하거나 하지 말아야 한다는 것이라

2:3 누가 어떻게 하여도 너희가 미혹되지 말라 먼저 배교하는 일이 있고 저 불법의 사람 곧 멸망의 아들이 나타나기 전에는 그 날이 이르지 아니하리니

2:4 그는 대적하는 자라 신이라고 불리는 모든 것과 숭배함을 받는 것에 대항하여 그 위에 자기를 높이고 하나님의 성전에 앉아 자기를 하나님이라고 내세우느니라

오늘의 찬양 | 찬송가 240장 (주가 맡긴 모든 역사)

주가 맡긴 모든 역사 힘을 다해 마치고 밝은 그 아침을 맞을 때 요단강을 건너가서
주의 손을 붙잡고 기쁨으로 주의 얼굴 뵈오리 나의 주를 나의 주를
내가 그의 곁에 서서 뵈오며 나의 주를 나의 주를 손의 못 자국을 보아 알겠네

다니엘 6장 | 다니엘을 살리신 하나님의 역사

6:13 그들이 왕 앞에서 말하여 이르되 왕이여 사로잡혀 온 유다 자손 중에 다니엘이 왕과 왕의 도장이 찍힌 금령을 존중하지 아니하고 하루 세 번씩 기도하나이다 하니

6:16 이에 왕이 명령하매 다니엘을 끌어다가 사자 굴에 던져 넣는지라 왕이 다니엘에게 이르되 네가 항상 섬기는 너의 하나님이 너를 구원하시리라 하니라

6:19 이튿날에 왕이 새벽에 일어나 급히 사자 굴로 가서

6:23 왕이 심히 기뻐서 명하여 다니엘을 굴에서 올리라 하매 그들이 다니엘을 굴에서 올린즉 그의 몸이 조금도 상하지 아니하였으니 이는 그가 자기의 하나님을 믿음이었더라

시편 112-113편 | 의인에게 나타날 하나님의 역사

112:1 할렐루야, 여호와를 경외하며 그의 계명을 크게 즐거워하는 자는 복이 있도다

112:4 정직한 자들에게는 흑암 중에 빛이 일어나나니 그는 자비롭고 긍휼이 많으며 의로운 이로다

112:5 은혜를 베풀며 꾸어 주는 자는 잘 되나니 그 일을 정의로 행하리로다

112:6 그는 영원히 흔들리지 아니함이여 의인은 영원히 기억되리로다

113:1 할렐루야, 여호와의 종들아 찬양하라 여호와의 이름을 찬양하라

113:2 이제부터 영원까지 여호와의 이름을 찬송할지로다

113:3 해 돋는 데에서부터 해 지는 데에까지 여호와의 이름이 찬양을 받으시리로다

말씀연결 중심내용

왕하 2 엘리야의 때가 지나가고 엘리사의 때가옵니다. 하나님께서 엘리야를 하늘로 올리고자 하십니다. 엘리야가 가는 곳에 엘리사는 계속해서 쫓아갑니다. 아직 구할 것이 있기 때문입니다. **성령의 역사를 구한 엘리사**는 엘리야 승천 이후 능력을 행하는 모습을 보입니다.

살후 2 **마지막 때에 미혹의 역사**가 많아 질 것입니다. 주님의 날이 벌써 이르렀다고 말하더라도 쉽게 흔들리거나 두려워하지 말아야 합니다. 절대로 속지 말아야 합니다. 그날이 오기 전에는 먼저 하나님을 배반하는 일이 있고 자기 자신을 하나님이라 내세우는 자가 있을 것입니다. 이것들을 주의해야 합니다.

단 6 왕 외에 다른 신에게 절하거나 구하면 사자 굴에 넣어 사형시키는 법이 발의 됩니다. 이는 다니엘을 넘어뜨리고자 하는 계략이었습니다. 그럼에도 다니엘은 계속해서 하루 세 번씩 기도했고, 결국 사자 굴에 던져졌지만 살아납니다. **다니엘을 살리신 하나님의 역사**로 인해 다리오 왕은 하나님을 찬양합니다.

시 112-113 **의인에게는 하나님의 역사가 나타납니다.** 은혜를 베풀며 꾸어 주는 자의 일은 기억될 것입니다. 정직한 자들은 흑암 중에도 빛이 일어납니다. 의인은 영원히 흔들리지 않을 것입니다. 시편기자는 의인 즉 여호와의 종 된 자들에게 하나님을 찬양하자며 초청합니다.

말씀묵상

하나님은 역사하시는 분이십니다. 엘리사는 엘리야에게 나타난 성령의 역사를 갑절이나 구합니다. 다니엘은 하나님의 역사로 사자 굴에서도 살아납니다. 의인에게는 영원히 하나님의 역사가 나타날 것입니다. 그리스도인으로서 마지막 때에 나타날 미혹의 역사를 경계하며 하나님의 역사를 사모합시다.

말씀적용 오늘의 감사

말씀적용

오늘의 감사

믿음으로 감사

소망으로 감사

사랑으로 감사

말씀암송

왕하 2:9 건너매 엘리야가 엘리사에게 이르되 나를 네게서 데려감을 당하기 전에 내가 네게 어떻게 할지를 구하라 엘리사가 이르되 당신의 ☐☐이 하시는 ☐☐가 갑절이나 내게 있게 하소서 하는지라

말씀기도

❶ 마지막 때에 나타날 미혹의 역사로부터 우리를 구원하여 주옵소서.
❷ 사자 굴에 던져질 것을 알면서도 하루 세 번 예루살렘을 향하여 창문을 열고 기도한 다니엘의 믿음을 본받게 하옵소서..
❸ 엘리야에게 나타난 성령의 역사를 갑절이나 더하여 주옵소서.

말씀배경 지식

복이 있도다
(시 112:1)

시편 1:1을 상기시켜 주는 말로, 하나님을 경외하는 자의 복이 제시되었다. 여호와를 경외하는 사람은 자연적으로 하나님의 계명을 지키는 데서 기쁨을 찾는다. 그의 자녀들은 그의 영적, 물질적 복의 상속자들이 된다.

295 일차 / 365

하나님과 교제하는 자

맥체인성경365
1679p

10월 22일

열왕기하 3장 | 데살로니가후서 3장 | 다니엘 7장 | 시편 114-115편

열왕기하 3장 | 하나님과 교제하는 엘리사는 기적을 일으킵니다

3:16 그가 이르되 여호와의 말씀이 이 골짜기에 개천을 많이 파라 하셨나이다

3:17 여호와께서 이르시기를 너희가 바람도 보지 못하고 비도 보지 못하되 이 골
짜기에 물이 가득하여 너희와 너희 가축과 짐승이 마시리라 하셨나이다

3:18 이것은 여호와께서 보시기에 작은 일이라 여호와께서 모압 사람도 당신의
손에 넘기시리니

3:19 당신들이 모든 견고한 성읍과 모든 아름다운 성읍을 치고 모든 좋은 나무를
베고 모든 샘을 메우고 돌로 모든 좋은 밭을 헐리이다 하더니

3:20 아침이 되어 소제 드릴 때에 물이 에돔 쪽에서부터 흘러와 그 땅에 가득하
였더라

데살로니가후서 3장 | 하나님과 교제하는 바울은 기도를 부탁합니다

3:1 끝으로 형제들아 너희는 우리를 위하여 기도하기를 주의 말씀이 너희 가운
데서와 같이 퍼져 나가 영광스럽게 되고

3:2 또한 우리를 부당하고 악한 사람들에게서 건지시옵소서 하라 믿음은 모든
사람의 것이 아니니라

3:3 주는 미쁘사 너희를 굳건하게 하시고 악한 자에게서 지키시리라

3:4 너희에 대하여는 우리가 명한 것을 너희가 행하고 또 행할 줄을 우리가 주
안에서 확신하노니

3:5 주께서 너희 마음을 인도하여 하나님의 사랑과 그리스도의 인내에 들어가게
하시기를 원하노라

오늘의 찬양 | 주만 바라볼지라

하나님의 사랑을 사모하는 자 하나님의 평안을 바라보는 자 너의 모든 것 창조하신 우리 주님이 너를 얼마나 사랑하시는지 하나님께 찬양과 경배하는 자 하나님의 선하심을 닮아가는 자 너의 모든 것 창조하신 우리 주님이 너를 자녀 삼으셨네 하나님 사랑의 눈으로 너를 어느 때나 바라보시고 하나님 인자한 귀로써 언제나 너에게 기울이시니 어두움에 밝은 빛을 비춰 주시고 너의 작은 신음에도 응답하시니 너는 어느 곳에 있든지 주를 향하고 주만 바라볼지라

다니엘 7장 | 하나님과 교제하는 다니엘은 꿈을 분별합니다

7:15 나 다니엘이 중심에 근심하며 내 머리 속의 환상이 나를 번민하게 한지라

7:16 내가 그 곁에 모셔 선 자들 중 하나에게 나아가서 이 모든 일의 진상을 물으매 그가 내게 말하여 그 일의 해석을 알려 주며 이르되

7:17 그 네 큰 짐승은 세상에 일어날 네 왕이라

7:22 옛적부터 항상 계신 이가 와서 지극히 높으신 이의 성도들을 위하여 원한을 풀어 주셨고 때가 이르매 성도들이 나라를 얻었더라

7:28 그 말이 이에 그친지라 나 다니엘은 중심에 번민하였으며 내 얼굴빛이 변하였으나 내가 이 일을 마음에 간직하였느니라

시편 114-115편 | 하나님과 교제하는 시인은 하나님을 찬양합니다

114:7 땅이여 너는 주 앞 곧 야곱의 하나님 앞에서 떨지어다

115:11 여호와를 경외하는 자들아 너희는 여호와를 의지하여라 그는 너희의 도움이시요 너희의 방패시로다

115:12 여호와께서 우리를 생각하사 복을 주시되 이스라엘 집에도 복을 주시고 아론의 집에도 복을 주시며

115:13 높은 사람이나 낮은 사람을 막론하고 여호와를 경외하는 자들에게 복을 주시리로다

115:17 죽은 자들은 여호와를 찬양하지 못하나니 적막한 데로 내려가는 자들은 아무도 찬양하지 못하리로다

115:18 우리는 이제부터 영원까지 여호와를 송축하리로다 할렐루야

말씀연결 중심내용

왕하 3 북이스라엘, 남유다, 에돔의 연합군이 모압을 치러 가는 중 극심한 가뭄에 허덕이게 됩니다. 이때 엘리사는 개천을 많이 파라고 명령합니다. 바람도 없고, 비도 없었지만 골짜기에 물이 가득하게 되는 기적이 일어납니다. 모압과의 전투에서도 승리합니다. **하나님과 교제하는 엘리사**를 통해 기적을 일으켜주십니다.

살후 3 데살로니가의 부흥의 역사는 바울에게도 큰 간증이 되었습니다. **바울은 하나님과 교제하는 자로서 기도**의 힘을 알고 있었습니다. 바울은 어디서나 데살로니가와 같이 주의 말씀이 퍼져나가기를, 부당하고 악한 사람들에게서 건져주시기를 기도해달라고 부탁합니다.

단 7 다니엘은 꿈을 꾸고 근심 중에 있었으나, **하나님과 교제하는 다니엘**은 결국 꿈을 분별합니다. 다니엘이 환상 중에 본 네 짐승은 이방인 혹은 세상 통치자의 악한 면을 의미합니다. 정해진 때가 있는 악은 잠시 동안 이 세상을 통치하겠으나 결국 하나님께서 승리하실 것입니다.

시 114-115 하나님은 우리의 도움이시고 방패가 되어주십니다. 우리를 생각해주시며 복을 주십니다. 죽은 자들은 하나님을 찬양하지 못하지만 **하나님과 교제하는 우리는** 모두 주님을 찬양합시다. 이제부터 영원까지 여호와를 송축합시다.

말씀묵상

하나님과 교제하는 엘리사는 기적을 일으킵니다. 하나님과 교제하는 바울은 데살로니가 교인들에게 기도를 부탁합니다. 다니엘은 해석하기 어려운 꿈을 분별했으며, 시인은 하나님을 찬양합니다. 하나님과 교제하는 자는 하나님과 친밀한 자입니다. 하나님과 동행하는 자입니다.

말씀적용 오늘의 감사

말씀적용

오늘의 감사

믿음으로 감사

소망으로 감사

사랑으로 감사

말씀암송

살후 3:3 주는 ☐☐☐ 너희를 ☐☐하게 하시고 악한 자에게서 지키시리라

말씀기도

1. 하나님과 교제하는 자에게는 하나님의 능력을 보이심을 믿습니다. 늘 주님과 교제하게 하옵소서.
2. 오늘도 부당하고 악한 사람들에게서 건져 주시고 굳건하게 살아가는 하루가 되게 하옵소서.
3. 악한 자가 잠시 흥왕한 이 땅에서 믿음 잃지 않게 하시고 최후 승리를 믿으며 살게 하옵소서.

말씀배경 지식

지극히 높으신 이의 성도... 성도들이 나라를 얻었더라 (단 7:22)

통치권이 주어지게 될 '지극히 높으신 자의 성도'(단 7:18-27)란 말로써, 다니엘은 지금까지 통치해 오던(2:44) 이방 나라들이나 열국들과는 구별되는 이스라엘 백성만을 지칭한다. 다니엘 선지자의 말은 이스라엘 왕궁의 재건국을 언급하고 있다.

296 일차 / 365

10월 23일

배움

맥체인성경365
1684p

열왕기하 4장 | 디모데전서 1장 | 다니엘 8장 | 시편 116편

열왕기하 4장 | 기적으로 믿음을 배우는 사람들

4:6 그릇에 다 찬지라 여인이 아들에게 이르되 또 그릇을 내게로 가져오라 하니 아들이 이르되 다른 그릇이 없나이다 하니 기름이 곧 그쳤더라

4:35 엘리사가 내려서 집 안에서 한 번 이리 저리 다니고 다시 아이 위에 올라 엎드리니 아이가 일곱 번 재채기 하고 눈을 뜨는지라

4:41 엘리사가 이르되 그러면 가루를 가져오라 하여 솥에 던지고 이르되 퍼다가 무리에게 주어 먹게 하라 하매 이에 솥 가운데 독이 없어지니라

4:43 그 사환이 이르되 내가 어찌 이것을 백 명에게 주겠나이까 하나 엘리사는 또 이르되 무리에게 주어 먹게 하라 여호와의 말씀이 그들이 먹고 남으리라 하셨느니라

디모데전서 1장 | 바울로부터 복음을 배우는 디모데

1:3 내가 마게도냐로 갈 때에 너를 권하여 에베소에 머물라 한 것은 어떤 사람들을 명하여 다른 교훈을 가르치지 말며

1:4 신화와 끝없는 족보에 몰두하지 말게 하려 함이라 이런 것은 믿음 안에 있는 하나님의 경륜을 이룸보다 도리어 변론을 내는 것이라

1:5 이 교훈의 목적은 청결한 마음과 선한 양심과 거짓이 없는 믿음에서 나오는 사랑이거늘

1:6 사람들이 이에서 벗어나 헛된 말에 빠져

1:7 율법의 선생이 되려 하나 자기가 말하는 것이나 자기가 확증하는 것도 깨닫지 못하는도다

1:12 나를 능하게 하신 그리스도 예수 우리 주께 내가 감사함은 나를 충성되이 여겨 내게 직분을 맡기심이니

오늘의 찬양 | 찬송가 449장 (예수 따라가며)

예수 따라가며 복음 순종하면 우리 행할 길 환하겠네 주를 의지하며 순종하는 자를 주가 늘 함께 하시리라 의지하고 순종하는 길은 예수 안에 즐겁고 복된 길이로다

다니엘 8장 | 가브리엘로부터 환상을 깨닫는 다니엘

8:15 나 다니엘이 이 환상을 보고 그 뜻을 알고자 할 때에 사람 모양 같은 것이 내 앞에 섰고

8:16 내가 들은즉 을래 강 두 언덕 사이에서 사람의 목소리가 있어 외쳐 이르되 가브리엘아 이 환상을 이 사람에게 깨닫게 하라 하더니

8:17 그가 내가 선 곳으로 나왔는데 그가 나올 때에 내가 두려워서 얼굴을 땅에 대고 엎드리매 그가 내게 이르되 인자야 깨달아 알라 이 환상은 정한 때 끝에 관한 것이니라

8:18 그가 내게 말할 때에 내가 얼굴을 땅에 대고 엎드리어 깊이 잠들매 그가 나를 어루만져서 일으켜 세우며

8:19 이르되 진노하시는 때가 마친 후에 될 일을 내가 네게 알게 하리니 이 환상은 정한 때 끝에 관한 것임이라

시편 116편 | 고통을 통해 은혜를 배우는 시인

116:3 사망의 줄이 나를 두르고 스올의 고통이 내게 이르므로 내가 환난과 슬픔을 만났을 때에

116:4 내가 여호와의 이름으로 기도하기를 여호와여 주께 구하오니 내 영혼을 건지소서 하였도다

116:5 여호와는 은혜로우시며 의로우시며 우리 하나님은 긍휼이 많으시도다

116:6 여호와께서는 순진한 자를 지키시나니 내가 어려울 때에 나를 구원하셨도다

116:12 내게 주신 모든 은혜를 내가 여호와께 무엇으로 보답할까

말씀연결 중심내용

왕하 4 네 가지 기적이 소개됩니다. 과부의 그릇에 기름이 가득 찹니다. 수넴 여인이 얻게 된 아들이, 죽었다가 다시 살아납니다. 선지자의 제자들은 독이 든 국이 해독 되는 경험을 합니다. 보리떡 이십 개와 채소로 백 명의 무리가 먹고 남습니다. 이들은 모두 **기적으로 믿음이 무엇인지 배우고** 있습니다.

딤전 1 에베소에는 참된 복음이 아니라, 다른 교훈을 가르치며, 신화와 끝없는 족보 이야기에 몰두한 사람들이 있으니 경계해야합니다. 자기는 잘 알지도 못하면서, 복음에서 멀어진 율법을 가르치는 사람들을 주의해야 합니다. 이렇게 디모데는 목회서신을 통해 **바울로부터 복음을 배우고 있습니다.**

단 8 벨사살 통치 3년이 되는 해, 다니엘은 두 번째 환상을 봅니다. **가브리엘은 다니엘의 환상을 해석해주고 깨우쳐줍니다.** 악은 반드시 멸망합니다. 그러나 의인은 반드시 승리하여 복을 받게 될 것이니 끝까지 인내하며 신실하여야 합니다.

시 116 시인은 사망의 줄이 두르고 스올의 고통에 이르렀을 때, 하나님께 간구합니다. 은혜로우시며 긍휼이 많으신 하나님께서 시인을 구원해주십니다. **시인은 고통을 통해 하나님의 은혜를 배웁니다.** 시인은 주신 은혜에 대한 보답을 드리고자 합니다.

말씀묵상

배움은 성장을 가져옵니다. 신앙생활에 있어서 배움의 중요성은 아무리 강조해도 지나치지 않습니다. 엘리사의 기적을 통해 믿음이 무엇인지 배웁니다. 디모데는 바울에게 참된 복음이 무엇인지 배웁니다. 시인은 고통을 통해서 하나님의 은혜를 배웁니다. 다니엘은 가브리엘로부터 꿈 해석을 깨우칩니다. 하나님께서는 내게 주어진 삶 속에서 무엇을 배우길 원하시나요?

말씀적용 오늘의 감사

말씀적용

오늘의 감사

믿음으로 감사

소망으로 감사

사랑으로 감사

말씀암송

시 116:6 여호와께서는 ☐☐한 자를 지키시나니 내가 어려울 때에 나를 ☐☐하셨도다

말씀기도

❶ 순종은 기적을 가져다주는 것을 믿고, 오늘도 주의 말씀에 순종하는 삶을 살게 하옵소서.
❷ 순진한 자를 지키시며 어려울 때에 구원하시는 주님! 나를 붙들어 주옵소서.
❸ 마지막 때에 다른 교훈에 빠지지 않게 하시고, 복음의 진리 위에 바로 서게 하옵소서.

말씀배경 지식

그리스도 예수 우리 주께 내가 감사함은 (딤전 1:12)

바울의 기록된 모든 말 가운데 오직 이곳에서만 그리스도께 직접적으로 감사를 드리며, 자신의 구원과 부르심을 돌이켜 생각하면서 바울이 느끼는 깊은 감사에 어울리는 감동적인 말을 사용하고 있다.

간구

열왕기하 5장 | 디모데전서 2장 | 다니엘 9장 | 시편 117-118편

열왕기하 5장 | 나아만의 간구

5:1 아람 왕의 군대 장관 나아만은 그의 주인 앞에서 크고 존귀한 자니 이는 여호와께서 전에 그에게 아람을 구원하게 하셨음이라 그는 큰 용사이나 나병환자더라

5:10 엘리사가 사자를 그에게 보내 이르되 너는 가서 요단 강에 몸을 일곱 번 씻으라 네 살이 회복되어 깨끗하리라 하는지라

5:14 나아만이 이에 내려가서 하나님의 사람의 말대로 요단 강에 일곱 번 몸을 잠그니 그의 살이 어린 아이의 살 같이 회복되어 깨끗하게 되었더라

5:15 나아만이 모든 군대와 함께 하나님의 사람에게로 도로 와서 그의 앞에 서서 이르되 내가 이제 이스라엘 외에는 온 천하에 신이 없는 줄을 아나이다 청하건대 당신의 종에게서 예물을 받으소서 하니

디모데전서 2장 | 기도에 대한 가르침

2:1 그러므로 내가 첫째로 권하노니 모든 사람을 위하여 간구와 기도와 도고와 감사를 하되

2:2 임금들과 높은 지위에 있는 모든 사람을 위하여 하라 이는 우리가 모든 경건과 단정함으로 고요하고 평안한 생활을 하려 함이라

2:3 이것이 우리 구주 하나님 앞에 선하고 받으실 만한 것이니

2:4 하나님은 모든 사람이 구원을 받으며 진리를 아는 데에 이르기를 원하시느니라

2:8 그러므로 각처에서 남자들이 분노와 다툼이 없이 거룩한 손을 들어 기도하기를 원하노라

오늘의 찬양 | 찬송가 368장 (주 예수여 은혜를)

주 예수여 은혜를 내려 주사 곧 충만케 하옵소서 이 주리고 목마른 나의 맘에
주 성령을 부으소서 주 예수여 충만한 은혜 내 영혼에 부으소서
주 예수만 나의 힘 되고 내 만족함 됩니다

다니엘 9장 | 다니엘의 간구

9:3 내가 금식하며 베옷을 입고 재를 덮어쓰고 주 하나님께 기도하며 간구하기를 결심하고

9:4 내 하나님 여호와께 기도하며 자복하여 이르기를 크시고 두려워할 주 하나님, 주를 사랑하고 주의 계명을 지키는 자를 위하여 언약을 지키시고 그에게 인자를 베푸시는 이시여

9:5 우리는 이미 범죄하여 패역하며 행악하며 반역하여 주의 법도와 규례를 떠났사오며

9:6 우리가 또 주의 종 선지자들이 주의 이름으로 우리의 왕들과 우리의 고관과 조상들과 온 국민에게 말씀한 것을 듣지 아니하였나이다

9:19 주여 들으소서 주여 용서하소서 주여 귀를 기울이시고 행하소서 지체하지 마옵소서 나의 하나님이여 주 자신을 위하여 하시옵소서 이는 주의 성과 주의 백성이 주의 이름으로 일컫는 바 됨이니이다

시편 117-118편 | 시인의 간구

117:1 너희 모든 나라들아 여호와를 찬양하며 너희 모든 백성들아 그를 찬송할지어다

118:5 내가 고통 중에 여호와께 부르짖었더니 여호와께서 응답하시고 나를 넓은 곳에 세우셨도다

118:6 여호와는 내 편이시라 내가 두려워하지 아니하리니 사람이 내게 어찌할까

118:7 여호와께서 내 편이 되사 나를 돕는 자들 중에 계시니 그러므로 나를 미워하는 자들에게 보응하시는 것을 내가 보리로다

118:8 여호와께 피하는 것이 사람을 신뢰하는 것보다 나으며

118:9 여호와께 피하는 것이 고관들을 신뢰하는 것보다 낫도다

말씀연결 중심내용

왕하 5 아람 장군 나아만에게는 나병이 있었습니다. 그는 엘리사의 명령에 불순종하는 듯 하나 결국 말씀대로 순종합니다. 간절하면 내 생각에 맞지 않아도 순종하게 됩니다. **나아만**은 순종을 통해 자신의 **간구**에 응답을 이루어냅니다.

딤전 2 바울은 디모데에게 **기도에 대한 가르침**을 전하고 있습니다. 모든 사람들을 위해서 기도해야 합니다. 그중에서 임금들과 높은 지위에 있는 사람들을 위해서 기도해야 합니다. 그래야 경건하고 평안한 생활을 할 수 있습니다. 또한 예배처소에서 사람들 가운데 다툼이 없도록 거룩한 손을 들어 기도해야 합니다.

단 9 **다니엘**은 이스라엘의 회복을 위해 **간구**합니다. 하나님께서는 이에 응답해주실 것입니다. 우리가 현재 겪는 어려움에만 시선을 고정시키면 우리는 절망에 빠지게 됩니다. 하지만 우리의 시선을 하나님께서 이 모든 어려움을 제거하실 '그때'를 생각하며 소망과 인내를 가질 수 있습니다.

시 117-118 시인은 고통 중에서 하나님께 부르짖어 간구합니다. 하나님 편에 서 있는 시인은 사람들을 두려워하지 않습니다. 힘이 있는 높은 관직에 있는 사람이라도 그를 신뢰하는 것보다, 여호와를 신뢰하는 것이 나음을 깨닫습니다. **시인의 간구**에 응답하시는 하나님은 그를 넓은 곳에 세워주십니다.

말씀묵상

간구는 간절히 바라는 것을 뜻합니다. 간절히 바랄 때 하나님은 이루어 주십니다. 나아만은 병이 낫기를 간구하며 순종했을 때 응답을 얻어냅니다. 바울은 디모데에게 무엇을 기도해야 할지 가르쳐줍니다. 다니엘은 이스라엘이 회복되기를 간절히 바라고 기도합니다. 시인은 고통 중에서 하나님께 구원해주시기를 간구합니다.

말씀적용 오늘의 감사

말씀적용

오늘의 감사

믿음으로 감사

소망으로 감사

사랑으로 감사

말씀암송

시 118:6 여호와는 내 ☐이시라 내가 두려워하지 아니하리니 ☐☐이 내게 어찌할까

말씀기도

❶ 내 생각과 맞지 않아도 하나님의 말씀에 순종하는 것이 가장 빠른 길임을 알게 하옵소서.
❷ 대통령과 위정자들을 위해서 기도하기를 쉬지 않게 하옵소서.
❸ 사람을 의지하기보다 하나님을 의지하게 하옵소서.

말씀배경 지식

엘리사가 사자를... 보내 이르되... 요단 강에 몸을... 씻으라 (왕하 5:10)

엘리사는 부나 지위로는 치유를 살 수 없다는 점을 나아만에게 주지시키기 위해 집안에 그대로 머물렀다. 요단 강에서 씻는 일은 하나님의 신유(神癒) 능력을 입증해 준다.

자격

맥체인성경365
1695p

열왕기하 6장 | 디모데전서 3장 | 다니엘 10장 | 시편 119편 1-24절

열왕기하 6장 | 선지자의 자격

6:6 하나님의 사람이 이르되 어디 빠졌느냐 하매 그 곳을 보이는지라 엘리사가 나뭇가지를 베어 물에 던져 쇠도끼를 떠오르게 하고

6:7 이르되 너는 그것을 집으라 하니 그 사람이 손을 내밀어 그것을 집으니라

6:12 그 신복 중의 한 사람이 이르되 우리 주 왕이여 아니로소이다 오직 이스라엘 선지자 엘리사가 왕이 침실에서 하신 말씀을 이스라엘의 왕에게 고하나이다 하는지라

6:15 하나님의 사람의 사환이 일찍이 일어나서 나가보니 군사와 말과 병거가 성읍을 에워쌌는지라 그의 사환이 엘리사에게 말하되 아아, 내 주여 우리가 어찌하리이까 하니

6:16 대답하되 두려워하지 말라 우리와 함께 한 자가 그들과 함께 한 자보다 많으니라 하고

6:17 기도하여 이르되 여호와여 원하건대 그의 눈을 열어서 보게 하옵소서 하니 여호와께서 그 청년의 눈을 여시매 그가 보니 불말과 불병거가 산에 가득하여 엘리사를 둘렀더라

디모데전서 3장 | 감독과 집사의 자격

3:1 미쁘다 이 말이여, 곧 사람이 감독의 직분을 얻으려 함은 선한 일을 사모하는 것이라 함이로다

3:2 그러므로 감독은 책망할 것이 없으며 한 아내의 남편이 되며 절제하며 신중하며 단정하며 나그네를 대접하며 가르치기를 잘하며

3:3 술을 즐기지 아니하며 구타하지 아니하며 오직 관용하며 다투지 아니하며 돈을 사랑하지 아니하며

3:4 자기 집을 잘 다스려 자녀들로 모든 공손함으로 복종하게 하는 자라야 할지며

3:8 이와 같이 집사들도 정중하고 일구이언을 하지 아니하고 술에 인박히지 아니하고 더러운 이를 탐하지 아니하고

3:9 깨끗한 양심에 믿음의 비밀을 가진 자라야 할지니

오늘의 찬양 | 찬송가 461장 (십자가를 질 수 있나)

십자가를 질 수 있나 주가 물어보실 때 죽기까지 따르오리 성도 대답하였다 우리의 심령 주의 것이니 주님의 형상 만드소서 주 인도 따라 살아갈 동안 사랑과 충성 늘 바치오리다

다니엘 10장 | 지도자의 자격

10:1 바사 왕 고레스 제삼년에 한 일이 벨드사살이라 이름한 다니엘에게 나타났
는데 그 일이 참되니 곧 큰 전쟁에 관한 것이라 다니엘이 그 일을 분명히 알았고
그 환상을 깨달으니라

10:2 그 때에 나 다니엘이 세 이레 동안을 슬퍼하며

10:3 세 이레가 차기까지 좋은 떡을 먹지 아니하며 고기와 포도주를 입에 대지
아니하며 또 기름을 바르지 아니하니라

10:12 그가 내게 이르되 다니엘아 두려워하지 말라 네가 깨달으려 하여 네 하나
님 앞에 스스로 겸비하게 하기로 결심하던 첫날부터 네 말이 응답 받았으므로 내
가 네 말로 말미암아 왔느니라

시편 119편 1-24절 | 하나님 자녀의 자격

119:1 행위가 온전하여 여호와의 율법을 따라 행하는 자들은 복이 있음이여

119:2 여호와의 증거들을 지키고 전심으로 여호와를 구하는 자는 복이 있도다

119:3 참으로 그들은 불의를 행하지 아니하고 주의 도를 행하는도다

119:15 내가 주의 법도들을 작은 소리로 읊조리며 주의 길들에 주의하며

119:16 주의 율례들을 즐거워하며 주의 말씀을 잊지 아니하리이다

말씀연결 중심내용

왕하 6 엘리사는 도끼가 물에서 떠오르는 기적을 행하며 하나님의 능력을 나타냅니다. 또한 불 말과 불 병거가 사환을 지키고 있음을 믿음의 눈으로 바라보게 합니다. 엘리사는 하나님의 능력과 하나님의 일하심을 알리는 자이므로, **선지자의 자격**을 갖춘 자입니다.

딤전 3 바울은 디모데에게 **감독과 집사**를 세울 때 필요한 **자격**을 알려줍니다. 감독은 책망할 것이 없어야 하고, 건강한 가정을 꾸린 자여야 합니다. 술, 폭력, 욕심이 없어야 합니다. 집사는 말을 조심해야 하며, 더러운 이득을 탐하지 말아야 합니다.

단 10 큰 전쟁이 있을 것을 알게 된 다니엘은 3주 동안 부분적인 금식을 합니다. 자신을 겸비하며 기름을 바르지 않습니다. 이러한 자세가 하나님의 마음을 움직였습니다. 이처럼 하나님 앞에 겸비한 자는 **지도자의 자격**을 갖춘 자입니다.

시 119:1-24 말씀을 사모하는 자는 **하나님 자녀의 자격**을 갖춘 자입니다. 여호와의 율법을 따라 살아가며, 불의 대신 주의 도를 행하는 자입니다. 주의 법도를 늘 묵상함으로 읊조리는 자이며, 주의 율례를 즐거워하는 자입니다.

말씀묵상

일정한 일을 하는데 필요한 조건이나 능력을 자격이라 합니다. 선지자의 자격은 하나님의 능력을 나타내는 것입니다. 감독과 집사는 책망할 것이 없어야 하며, 말을 조심해야 합니다. 지도자는 하나님 앞에 겸비함으로 기도하는 자라야 합니다. 무엇보다 말씀을 사모하는 자세는 모든 하나님의 자녀들이 갖춰야 할 자격입니다.

말씀적용 오늘의 감사

말씀적용

오늘의 감사

믿음으로 감사

소망으로 감사

사랑으로 감사

말씀암송

시119: 2 여호와의 [ ][ ]들을 지키고 전심으로 여호와를 [ ]하는 자는 [ ]이 있도다

말씀기도

❶ 내 삶에서 하나님의 능력을 나타내게 하시고 나의 눈을 열어 하나님의 일하심을 보게 하옵소서.
❷ 한국교회 모든 직분자들이 책망할 것이 없고, 건강한 가정을 꾸리며, 말을 조심하고, 탐욕을 멀리하게 하옵소서.
❸ 오늘도 행위를 온전하게 하며 여호와의 율법을 따라 살게 하옵소서.

말씀배경 지식

감독 (딤전 3:1)

장로의 직분과 감독의 직분은 똑같다. 성령께서 교회의 감독으로 삼으신 자들이 바로 장로들이다(행 20:28).

예언

열왕기하 7장 | 디모데전서 4장 | 다니엘 11장 | 시편 119편 25-48절

열왕기하 7장 | 엘리사의 예언

7:1 엘리사가 이르되 여호와의 말씀을 들을지어다 여호와께서 이르시되 내일 이
맘때에 사마리아 성문에서 고운 밀가루 한 스아를 한 세겔로 매매하고 보리 두
스아를 한 세겔로 매매하리라 하셨느니라

7:19 그 때에 이 장관이 하나님의 사람에게 대답하여 이르되 여호와께서 하늘에
창을 내신들 어찌 이 일이 있으랴 하매 대답하기를 네가 네 눈으로 보리라 그러
나 그것을 먹지는 못하리라 하였더니

7:20 그의 장관에게 그대로 이루어졌으니 곧 백성이 성문에서 그를 밟으매 죽었
더라

디모데전서 4장 | 디모데가 받은 예언

4:12 누구든지 네 연소함을 업신여기지 못하게 하고 오직 말과 행실과 사랑과
믿음과 정절에 있어서 믿는 자에게 본이 되어

4:13 내가 이를 때까지 읽는 것과 권하는 것과 가르치는 것에 전념하라

4:14 네 속에 있는 은사 곧 장로의 회에서 안수 받을 때에 예언을 통하여 받은 것
을 가볍게 여기지 말며

4:15 이 모든 일에 전심 전력하여 너의 성숙함을 모든 사람에게 나타나게 하라

오늘의 찬양 | 찬송가 200장 (달고 오묘한 그 말씀)

달고 오묘한 그 말씀 생명의 말씀은 귀한 그 말씀 진실로 생명의 말씀이 나의 길과 믿음 밝히 보여주니 아름답고 귀한 말씀 생명샘이로다 아름답고 귀한 말씀 생명샘이로다

다니엘 11장 | 다니엘의 예언

11:1 내가 또 메대 사람 다리오 원년에 일어나 그를 도와서 그를 강하게 한 일이 있었느니라

11:2 이제 내가 참된 것을 네게 보이리라 보라 바사에서 또 세 왕들이 일어날 것이요 그 후의 넷째는 그들보다 심히 부요할 것이며 그가 그 부요함으로 강하여진 후에는 모든 사람을 충동하여 헬라 왕국을 칠 것이며

11:3 장차 한 능력 있는 왕이 일어나서 큰 권세로 다스리며 자기 마음대로 행하리라

11:4 그러나 그가 강성할 때에 그의 나라가 갈라져 천하 사방에 나누일 것이나 그의 자손에게로 돌아가지도 아니할 것이요 또 자기가 주장하던 권세대로도 되지 아니하리니 이는 그 나라가 뽑혀서 그 외의 다른 사람들에게로 돌아갈 것임이라

11:20 그 왕위를 이을 자가 압제자를 그 나라의 아름다운 곳으로 두루 다니게 할 것이나 그는 분노함이나 싸움이 없이 몇 날이 못 되어 망할 것이요

시편 119편 25-48절 | 말씀을 사랑하는 시편 기자

119:35 나로 하여금 주의 계명들의 길로 행하게 하소서 내가 이를 즐거워함이니이다

119:36 내 마음을 주의 증거들에게 향하게 하시고 탐욕으로 향하지 말게 하소서

119:37 내 눈을 돌이켜 허탄한 것을 보지 말게 하시고 주의 길에서 나를 살아나게 하소서

119:47 내가 사랑하는 주의 계명들을 스스로 즐거워하며

119:48 또 내가 사랑하는 주의 계명들을 향하여 내 손을 들고 주의 율례들을 작은 소리로 읊조리리이다

말씀연결 중심내용

왕하 7 북이스라엘은 극심한 경제난으로 인해 물가가 하늘을 치솟았습니다. **엘리사**는 하루 만에 물가가 정상으로 돌아올 것이라 **예언**합니다. 예언대로 하나님이 병거소리와 큰 군대소리를 듣게 하십니다. 겁에 질린 아람군대는 군사물자를 남기고 도망합니다. 이로써 많은 전리품을 획득한 북이스라엘은 경기를 회복합니다. 한편 이를 믿지 못한 장관은 죽게 됩니다.

딤전 4 바울은 목회서신을 통해서 디모데에게 가르침을 주고 있습니다. 젊다는 이유로 남에게 업신여김을 당하지 말고 도리어 말에나 행실에나 사랑에나 믿음에나 순결에 있어서 성도들의 모범이 되어야 합니다. **디모데가 안수 받을 때에 받은 예언**의 말씀을 통해서 맡겨진 직무를 가볍게 여기지 말아야 합니다.

단 11 이후에 등장할 왕들에 관한 **다니엘의 예언**입니다. 하나님께서는 미래에 일어날 일들을 계시하시며 역사를 주관하시는 분이십니다. 이는 믿는 신자에게 미래에 대한 확신을 심어줍니다. 아무리 권세 있는 세상의 정권도 언젠가 끝이 날 것입니다. 오직 하나님의 나라만이 영원합니다.

시 119:25-48 **말씀을 사랑하는 시편 기자**의 고백입니다. 시편 기자는 계명을 따르는 일을 즐거워합니다. 마음이 탐욕보다 주의 말씀을 향하기를 원합니다. 주의 계명을 손을 들고 작은 소리로 읊조리는 것을 즐거워합니다.

말씀묵상

예언의 참뜻은 하나님의 계시된 말씀을 사람들에게 전하는 일입니다. 엘리사는 하루 만에 경기가 회복될 것을 예언합니다. 디모데는 안수 받을 때에 받은 예언의 말씀을 지켜야 합니다. 다니엘은 앞으로 일어날 일을 사람들에게 전합니다. 시편 기자는 하나님의 계시된 예언의 말씀을 사랑하여 늘 가까이합니다.

말씀적용 오늘의 감사

말씀적용

오늘의 감사

믿음으로 감사

소망으로 감사

사랑으로 감사

말씀암송

시 119:35 나로 하여금 주의 [ ][ ]들의 [ ]로 행하게 하소서 내가 이를 즐거워함이니이다

말씀기도

❶ 아무리 경제가 어려워도 불가능이 없으신 하나님을 끝까지 의지하게 하옵소서.

❷ 세상의 권세자들보다 세상의 역사를 주관하시는 하나님을 의지하게 하옵소서.

❸ 말씀을 늘 가까이하게 하시고, 탐욕과 허탄한 것에 눈을 돌리지 않게 하옵소서.

말씀배경 지식

엘리사 (왕하 7:1)

엘리사는 엘리야를 이어 하나님의 선지자로 선택되었다. 그의 임무는 가르치는 일이었다. 즉 주를 섬기는 일의 복됨과 바알은 백성의 필요를 만족시킬 수 없다는 사실을 입증하는 사역이었다.

300 일차 / 365

악한 자

맥체인성경365
1706p

10월 27일

열왕기하 8장 | 디모데전서 5장 | 다니엘 12장 | 시편 119편 49-72절

열왕기하 8장 | 악한 자 하사엘

8:7 엘리사가 다메섹에 갔을 때에 아람 왕 벤하닷이 병들었더니 왕에게 들리기를
이르되 하나님의 사람이 여기 이르렀나이다 하니

8:8 왕이 하사엘에게 이르되 너는 손에 예물을 가지고 가서 하나님의 사람을 맞
이하고 내가 이 병에서 살아나겠는지 그를 통하여 여호와께 물으라

8:10 엘리사가 이르되 너는 가서 그에게 말하기를 왕이 반드시 나으리라 하라 그
러나 여호와께서 그가 반드시 죽으리라고 내게 알게 하셨느니라 하고

8:13 하사엘이 이르되 당신의 개 같은 종이 무엇이기에 이런 큰일을 행하오리이
까 하더라 엘리사가 대답하되 여호와께서 네가 아람 왕이 될 것을 내게 알게 하
셨느니라 하더라

8:15 그 이튿날에 하사엘이 이불을 물에 적시어 왕의 얼굴에 덮으매 왕이 죽은지
라 그가 대신하여 왕이 되니라

디모데전서 5장 | 불신자보다도 더 악한 자

5:4 만일 어떤 과부에게 자녀나 손자들이 있거든 그들로 먼저 자기 집에서 효를
행하여 부모에게 보답하기를 배우게 하라 이것이 하나님 앞에 받으실 만한 것이
니라

5:5 참 과부로서 외로운 자는 하나님께 소망을 두어 주야로 항상 간구와 기도를
하거니와

5:6 향락을 좋아하는 자는 살았으나 죽었느니라

5:7 네가 또한 이것을 명하여 그들로 책망 받을 것이 없게 하라

5:8 누구든지 자기 친족 특히 자기 가족을 돌보지 아니하면 믿음을 배반한 자요
불신자보다 더 악한 자니라

오늘의 찬양 | 찬송가 204장 (주의 말씀 듣고서)

주의 말씀 듣고서 준행하는 자는 반석 위에 터닦고 집을 지음 같아
비가 오고 물 나며 바람 부딪쳐도 반석 위에 세운 집 무너지지 않네
잘 짓고 잘 짓세 우리 집 잘 짓세 만세 반석 위에다 우리 집 잘 짓세

다니엘 12장 | 아무것도 깨닫지 못할 악한 자

12:2 땅의 티끌 가운데에서 자는 자 중에서 많은 사람이 깨어나 영생을 받는 자
도 있겠고 수치를 당하여서 영원히 부끄러움을 당할 자도 있을 것이며

12:3 지혜 있는 자는 궁창의 빛과 같이 빛날 것이요 많은 사람을 옳은 데로 돌아
오게 한 자는 별과 같이 영원토록 빛나리라

12:4 다니엘아 마지막 때까지 이 말을 간수하고 이 글을 봉함하라 많은 사람이
빨리 왕래하며 지식이 더하리라

12:9 그가 이르되 다니엘아 갈지어다 이 말은 마지막 때까지 간수하고 봉함할 것
임이니라

12:10 많은 사람이 연단을 받아 스스로 정결하게 하며 희게 할 것이나 악한 사람
은 악을 행하리니 악한 자는 아무것도 깨닫지 못하되 오직 지혜 있는 자는 깨달
으리라

시편 119편 49-72절 | 주의 율법을 버린 악한 자

119:53 주의 율법을 버린 악인들로 말미암아 내가 맹렬한 분노에 사로잡혔나이다

119:69 교만한 자들이 거짓을 지어 나를 치려 하였사오나 나는 전심으로 주의 법
도들을 지키리이다

119:70 그들의 마음은 살져서 기름덩이 같으나 나는 주의 법을 즐거워하나이다

119:71 고난 당한 것이 내게 유익이라 이로 말미암아 내가 주의 율례들을 배우게
되었나이다

말씀연결 중심내용

왕하 8 아람왕 벤하닷이 병에 들자 하사엘을 시켜 엘리사에게 병이 나을지 물어보게 합니다. 엘리야는 병이 나을 것이지만 반드시 죽을 것이라 전합니다. 하사엘이 아람 왕이 될 것을 하나님이 보여주셨기 때문입니다. **악한 자 하사엘**은 이튿날 벤하닷을 살해하고 아람 왕이 됩니다.

딤전 5 디모데전서 5장은 디모데가 성도, 과부, 장로들을 어떻게 대하고 가르쳐야 하는지 말씀해줍니다. 과부로서 외로운 자는 하나님께 소망을 두며 기도의 삶을 살도록 권면해야 합니다. 또한 자기 친족, 특히 가족을 돌보지 않으면 믿음을 배반한 자요, **불신자보다도 더 악한 자**이므로 친족을 돌보도록 권면해야 합니다.

단 12 마지막 때에 영생을 받는 자도 있겠고, 수치를 당하여 영원히 부끄러움을 당할 자도 있을 것입니다. 그때에 지혜 있는 자는 빛날 것이고, 많은 사람을 옳은 데로 돌아오게 한 자는 별과 같이 빛날 것입니다. 그때까지 많은 사람이 스스로 정결하게 할 것이나 **악한 자는 아무것도 깨닫지 못할 것**입니다.

시 119:49-72 의인은 주의 말씀을 더욱 사모하기에 주의 법을 즐거워합니다. 주의 율례를 배우게 되므로 고난까지도 유익이라 여깁니다. 그러나 **주의 율법을 버린 악한 자**는 교만하며 거짓을 지어 상대를 치려합니다. 또한 그들의 마음이 살쪄서 기름덩이와 같습니다.

말씀묵상

악한 자 하사엘은 흑심을 품고 벤하닷 왕을 죽입니다. 그리스도인으로서 자신의 가족과 친족을 돌보지 않으면 불신자보다 더 악한 자입니다. 마지막 때에 많은 사람이 스스로 정결케 할 것이나 악한 자는 아무것도 깨닫지 못할 것입니다. 그들은 주의 율법을 버리는 자이기 때문입니다.

말씀적용 오늘의 감사

말씀적용

오늘의 감사

믿음으로 감사

소망으로 감사

사랑으로 감사

말씀암송

시 119:71 고난 당한 것이 내게 [ ][ ]이라 이로 말미암아 내가 주의 [ ][ ]들을 배우게 되었나이다

말씀기도

❶ 헛된 야망을 쫓아 죄를 짓지 않게 하옵소서.
❷ 많은 사람을 옳은 데로 돌아오게 한 자는 별과 같이 영원토록 빛난다고 하셨으니 오늘도 주의 진리의 말씀을 말과 행실로 전하게 하옵소서.
❸ 내 삶에 주어진 고난을 통해서 주의 말씀을 배우고 깨닫게 하옵소서.

말씀배경 지식

다니엘 (단 12:4)

다니엘은 다니엘서 전체를 통해 사건을 보고하는 자로 나타날 뿐 아니라, 다양한 능력을 지닌 주인공으로, 꿈의 해석자로, 고통을 당하는 자의 친구로, 하나님으로부터 계시적인 환상과 꿈을 받는 자로 등장한다.

301 일차/365 사람을 사용하심

맥체인성경365
1710p

10월 28일

열왕기하 9장 | 디모데전서 6장 | 호세아 1장 | 시 119편 73-96절

열왕기하 9장 | 예후를 사용하심

9:2 거기에 이르거든 님시의 손자 여호사밧의 아들 예후를 찾아 들어가서 그의
형제 중에서 일어나게 하고 그를 데리고 골방으로 들어가

9:3 기름병을 가지고 그의 머리에 부으며 이르기를 여호와의 말씀이 내가 네게
기름을 부어 이스라엘 왕으로 삼노라 하셨느니라 하고 곧 문을 열고 도망하되 지
체하지 말지니라 하니

9:24 예후가 힘을 다하여 활을 당겨 요람의 두 팔 사이를 쏘니 화살이 그의 염통
을 꿰뚫고 나오매 그가 병거 가운데에 엎드러진지라

9:27 유다의 왕 아하시야가 이를 보고 정원의 정자 길로 도망하니 예후가 그 뒤
를 쫓아가며 이르되 그도 병거 가운데서 죽이라 하매 이블르암 가까운 구르 비탈
에서 치니 그가 므깃도까지 도망하여 거기서 죽은지라

9:36 돌아와서 전하니 예후가 이르되 이는 여호와께서 그 종 디셉 사람 엘리야를
통하여 말씀하신 바라 이르시기를 이스르엘 토지에서 개들이 이세벨의 살을 먹
을지라

디모데전서 6장 | 디모데를 사용하심

6:6 그러나 자족하는 마음이 있으면 경건은 큰 이익이 되느니라

6:17 네가 이 세대에서 부한 자들을 명하여 마음을 높이지 말고 정함이 없는 재
물에 소망을 두지 말고 오직 우리에게 모든 것을 후히 주사 누리게 하시는 하나
님께 두며

6:18 선을 행하고 선한 사업을 많이 하고 나누어 주기를 좋아하며 너그러운 자
가 되게 하라

6:19 이것이 장래에 자기를 위하여 좋은 터를 쌓아 참된 생명을 취하는 것이니
라

6:20 디모데야 망령되고 헛된 말과 거짓된 지식의 반론을 피함으로 네게 부탁한
것을 지키라

오늘의 찬양 | 찬송가 461장 (십자가를 질 수 있나)

십자가를 질 수 있나 주가 물어보실 때 죽기까지 따르오리 성도 대답하였다 우리의 심령 주의 것이니 주님의 형상 만드소서 주 인도 따라 살아갈 동안 사랑과 충성 늘 바치오리다

호세아 1장 | 호세아를 사용하심

1:1 웃시야와 요담과 아하스와 히스기야가 이어 유다 왕이 된 시대 곧 요아스의
아들 여로보암이 이스라엘 왕이 된 시대에 브에리의 아들 호세아에게 임한 여호
와의 말씀이라

1:2 여호와께서 처음 호세아에게 말씀하실 때 여호와께서 호세아에게 이르시되
너는 가서 음란한 여자를 맞이하여 음란한 자식들을 낳으라 이 나라가 여호와를
떠나 크게 음란함이니라 하시니

1:10 그러나 이스라엘 자손의 수가 바닷가의 모래 같이 되어서 헤아릴 수도 없
고 셀 수도 없을 것이며 전에 그들에게 이르기를 너희는 내 백성이 아니라 한 그
곳에서 그들에게 이르기를 너희는 살아 계신 하나님의 아들들이라 할 것이라

시 119편 73-96절 | 말씀을 사랑하는 자를 사용하심

119:74 주를 경외하는 자들이 나를 보고 기뻐하는 것은 내가 주의 말씀을 바라
는 까닭이니이다

119:79 주를 경외하는 자들이 내게 돌아오게 하소서 그리하시면 그들이 주의
증거들을 알리이다

119:81 나의 영혼이 주의 구원을 사모하기에 피곤하오나 나는 주의 말씀을 바
라나이다

119:82 나의 말이 주께서 언제나 나를 안위하실까 하면서 내 눈이 주의 말씀을
바라기에 피곤하니이다

말씀연결 중심내용

왕하 9 하나님께서는 말씀을 성취하시기 위해 예후에게 기름을 부어 왕으로 삼으십니다. 먼저 이스라엘 왕 요람을 심판하십니다. 유다 왕 아하시야도 심판하십니다. 또한 이세벨도 죽음을 면치 못합니다. 역사의 흐름을 바꾸는데 있어 **예후를 사용하셨습니다.**

딤전 6 부자로 사는 사람에게 명령해야 합니다. 마음을 높이지 말 것, 정함이 없는 재물에 소망을 두지 말 것, 오직 선한 사업을 많이 하고 나누어주기를 좋아할 것, 이것이 장래에 참된 생명을 얻는 길임을 알려줘야 합니다. 하나님은 이를 위해 **디모데를 사용하십니다.**

호 1 분열 왕국시기에 하나님께서는 하나님의 뜻을 전하기 위해 **호세아를 사용하셨습니다.** 호세아는 음란한 여자를 아내로 삼아야 합니다. 이유는 이 나라가 여호와를 떠나 음란했기 때문입니다. 그러나 끝내 하나님께서는 이스라엘을 회복하시겠다는 약속을 주십니다.

시 119:73-96 주를 경외하는 자들이 말씀을 사랑하는 모습을 보고 도전을 받고 기뻐합니다. 아무리 피곤해도 말씀을 사모하므로 하나님께서 영광 받으십니다. 주님이 속히 응답하지 않는 상황에서도 말씀을 계속 바라봄으로 하나님께서 흡족해 하십니다. 하나님께서는 **말씀을 사랑하는 자를 사용하십니다.**

말씀묵상

하나님께서는 사람을 사용하시는 분이십니다. 예후를 사용하셔서 분열 왕국의 역사를 주관하십니다. 디모데를 사용하셔서 부한 자들에 대한 가르침을 전합니다. 호세아를 사용하셔서 자녀를 잃은 하나님의 마음을 알게 하십니다. 더불어 말씀을 사랑하는 자를 통하여 하나님께서는 영광 받으십니다.

말씀적용 오늘의 감사

말씀적용

오늘의 감사

믿음으로 감사

소망으로 감사

사랑으로 감사

말씀암송

딤전 6:18 [ ]을 행하고 선한 사업을 많이 하고 나누어 주기를 좋아하며 [ ][ ][ ][ ] 자가 되게 하라

말씀기도

1. 깨끗하고 귀히 쓰이는 그릇이 되어 하나님께서 사용하시는 자녀가 되게 하옵소서.
2. 음란한 이스라엘 백성과 같이 하나님 외에 다른 것을 의지하지 않게 하옵소서.
3. 주의 말씀을 사모하기에 피곤하여도 늘 주의 말씀을 사랑하여 주야로 묵상하게 하옵소서.

말씀배경 지식

호세아 (호 1:2)

호세아는 브에리의 아들로 그 이름의 뜻은 '구원' 또는 '구출'이다. 웃이야 왕의 시대에 예언 활동을 한 호세아는 이사야와 같은 시대를 살다 간 선지자였다. 그러나 이사야가 예루살렘에 살면서 주로 남 왕국(유다)에 대해 예언을 한 반면에, 호세아는 주로 북 왕국(이스라엘 혹은 에브라임)에 대해 예언하였다.

302 일차/365

사랑

맥체인성경365
1715p

10월 29일

열왕기하 10장 | 디모데후서 1장 | 호세아 2장 | 시 119편 97-120절

열왕기하 10장 | 반쪽짜리 사랑 예후

10:28 예후가 이와 같이 이스라엘 중에서 바알을 멸하였으나

10:29 이스라엘에게 범죄하게 한 느밧의 아들 여로보암의 죄 곧 벧엘과 단에 있는 금송아지를 섬기는 죄에서는 떠나지 아니하였더라

10:30 여호와께서 예후에게 이르시되 네가 나보기에 정직한 일을 행하되 잘 행하여 내 마음에 있는 대로 아합 집에 다 행하였은즉 네 자손이 이스라엘 왕위를 이어 사대를 지내리라 하시니라

10:31 그러나 예후가 전심으로 이스라엘 하나님 여호와의 율법을 지켜 행하지 아니하며 여로보암이 이스라엘에게 범하게 한 그 죄에서 떠나지 아니하였더라

디모데후서 1장 | 디모데를 사랑하는 바울

1:2 사랑하는 아들 디모데에게 편지하노니 하나님 아버지와 그리스도 예수 우리 주께로부터 은혜와 긍휼과 평강이 네게 있을지어다

1:4 네 눈물을 생각하여 너 보기를 원함은 내 기쁨이 가득하게 하려 함이니

1:9 하나님이 우리를 구원하사 거룩하신 소명으로 부르심은 우리의 행위대로 하심이 아니요 오직 자기의 뜻과 영원 전부터 그리스도 예수 안에서 우리에게 주신 은혜대로 하심이라

1:13 너는 그리스도 예수 안에 있는 믿음과 사랑으로써 내게 들은 바 바른 말을 본받아 지키고

1:14 우리 안에 거하시는 성령으로 말미암아 네게 부탁한 아름다운 것을 지키라

오늘의 찬양 | 찬송가 301장 (아 하나님의 은혜로)

아 하나님의 은혜로 이 쓸데없는 자 왜 구속하여 주는지 난 알 수 없도다
내가 믿고 또 의지함은 내 모든 형편 아시는 주님 늘 보호해 주실 것을 나는 확실히 아네

호세아 2장 | 백성을 사랑하시는 하나님

2:17 내가 바알들의 이름을 그의 입에서 제거하여 다시는 그의 이름을 기억하여 부르는 일이 없게 하리라

2:19 내가 네게 장가 들어 영원히 살되 공의와 정의와 은총과 긍휼히 여김으로 네게 장가 들며

2:20 진실함으로 네게 장가 들리니 네가 여호와를 알리라

2:23 내가 나를 위하여 그를 이 땅에 심고 긍휼히 여김을 받지 못하였던 자를 긍휼히 여기며 내 백성 아니었던 자에게 향하여 이르기를 너는 내 백성이라 하리니 그들은 이르기를 주는 내 하나님이시라 하리라 하시니라

시 119편 97-120절 | 말씀을 사랑하는 시인

119:97 내가 주의 법을 어찌 그리 사랑하는지요 내가 그것을 종일 작은 소리로 읊조리나이다

119:99 내가 주의 증거들을 늘 읊조리므로 나의 명철함이 나의 모든 스승보다 나으며

119:100 주의 법도들을 지키므로 나의 명철함이 노인보다 나으니이다

119:101 내가 주의 말씀을 지키려고 발을 금하여 모든 악한 길로 가지 아니하였사오며

119:103 주의 말씀의 맛이 내게 어찌 그리 단지요 내 입에 꿀보다 더 다니이다

말씀연결 중심내용

왕하 10 예후는 이스라엘에서 바알을 멸하였습니다. 그러나 벧엘과 단에 있는 금송아지는 계속해서 섬겼습니다. 하나님께서는 예후를 평가하시기를 정직한 일을 잘 행하였지만, 전심으로 율법을 지키지는 않았다고 하십니다. 예후는 하나님을 사랑하되 **반쪽짜리 사랑**을 실천한 것입니다.

딤후 1 **디모데를 사랑하는 바울**은 두 번째 목회서신을 씁니다. 하나님께서는 영원 전부터 자기의 뜻대로 디모데를 구원하사 소명으로 불러주셨습니다. 이제 디모데는 바울에게 배운 바른 말과 아름다운 것을 지킬 때, 목회를 더욱 잘 감당할 수 있을 것입니다.

호 2 음녀가 남편을 떠나듯이 하나님을 떠나 다른 것을 의지한 이스라엘 백성을 돌이키기 원하십니다. 오죽하면 하나님께서 이스라엘 백성에게 장가를 들겠다는 표현을 사용하십니다. 이스라엘 **백성을 사랑하시는 하나님**은 오늘 우리를 사랑하십니다.

시 119:97-120 **말씀을 사랑하는 시인**은 늘 말씀을 읊조립니다. 그러므로 명철과 지혜가 스승과 노인들보다 낫습니다. 말씀을 사랑하기에 말씀대로 살려고 발버둥 칩니다. 또한 주의 말씀을 내 입의 꿀보다도 더욱 달다고 표현합니다. 말씀묵상의 깊이를 경험한 것입니다.

말씀묵상

하나님께서는 이스라엘 백성은 진심으로 사랑하십니다. 그러나 예후는 하나님을 향한 반쪽짜리 사랑을 보였습니다. 한편 바울은 디모데를 아들과 같이 사랑합니다. 믿음의 후배이자 동역자를 사랑하는 마음이 큽니다. 시인은 하나님의 말씀을 사랑하여 늘 작은 소리로 읊조립니다. 당신은 하나님과 사람에게 온전한 사랑을 실천하고 있습니까?

말씀적용 오늘의 감사

말씀적용

오늘의 감사

믿음으로 감사

소망으로 감사

사랑으로 감사

말씀암송

딤후 1:9 하나님이 우리를 구원하사 거룩하신 [ ][ ]으로 부르심은 우리의 [ ][ ]대로 하심이 아니요 오직 자기의 [ ]과 영원 전부터 그리스도 예수 안에서 우리에게 주신 [ ][ ]대로 하심이라

말씀기도

❶ 나를 사랑하시는 하나님의 마음을 말씀을 통해 알게 하시니 감사합니다. 하나님을 사랑하되 온전히 사랑하게 하옵소서.

❷ 영적 제자인 디모데를 사랑하는 바울과 같이 믿음의 동역자를 진실로 사랑하게 하옵소서.

❸ 주의 말씀을 사랑하여 늘 읊조릴 때 명철과 지혜를 허락하여 주옵소서.

말씀배경 지식

여로보암이… 죄에서 떠나지 아니하였더라 (왕하 10:31)

여로보암은 이스라엘을 송아지 숭배로 인도함으로 언약을 범하였다. 예후는 이 죄악을 계속하였다. 그랬기 때문에 후에 이스라엘 포로로 추방되는 신세가 되었다. 이처럼 예후는 모순되게 행하였다. 그의 왕가는 종교적이 아니라 군사적이었다.

303 일차 / 365

10월 30일

노력

맥체인성경365
1721p

열왕기하 11-12장 | 디모데후서 2장 | 호세아 3-4장 | 시편 119편 121-144절

열왕기하 11-12장 | 이방 신전을 없애는 여호야다의 노력

11:17 여호야다가 왕과 백성에게 여호와와 언약을 맺어 여호와의 백성이 되게 하고 왕과 백성 사이에도 언약을 세우게 하매

11:18 온 백성이 바알의 신당으로 가서 그 신당을 허물고 그 제단들과 우상들을 철저히 깨뜨리고 그 제단 앞에서 바알의 제사장 맛단을 죽이니라 제사장이 관리들을 세워 여호와의 성전을 수직하게 하고

11:19 또 백부장들과 가리 사람과 호위병과 온 백성을 거느리고 왕을 인도하여 여호와의 성전에서 내려와 호위병의 문 길을 통하여 왕궁에 이르매 그가 왕의 왕좌에 앉으니

11:20 온 백성이 즐거워하고 온 성이 평온하더라 아달랴를 무리가 왕궁에서 칼로 죽였더라

디모데후서 2장 | 디모데를 세우려는 바울의 노력

2:1 내 아들아 그러므로 너는 그리스도 예수 안에 있는 은혜 가운데서 강하고

2:2 또 네가 많은 증인 앞에서 내게 들은 바를 충성된 사람들에게 부탁하라 그들이 또 다른 사람들을 가르칠 수 있으리라

2:3 너는 그리스도 예수의 좋은 병사로 나와 함께 고난을 받으라

2:4 병사로 복무하는 자는 자기 생활에 얽매이는 자가 하나도 없나니 이는 병사로 모집한 자를 기쁘게 하려 함이라

2:15 너는 진리의 말씀을 옳게 분별하며 부끄러울 것이 없는 일꾼으로 인정된 자로 자신을 하나님 앞에 드리기를 힘쓰라

오늘의 찬양 | 찬송가 449장 (예수 따라가며)

예수 따라가며 복음 순종하면 우리 행할 길 환하겠네 주를 의지하며 순종하는 자를 주가 늘 함께 하시리라 의지하고 순종하는 길은 예수 안에 즐겁고 복된 길이로다

호세아 3-4장 | 이스라엘을 돌이키려는 호세아의 노력

3:1 여호와께서 내게 이르시되 이스라엘 자손이 다른 신을 섬기고 건포도 과자를 즐길지라도 여호와가 그들을 사랑하나니 너는 또 가서 타인의 사랑을 받아 음녀가 된 그 여자를 사랑하라 하시기로

3:3 그에게 이르기를 너는 많은 날 동안 나와 함께 지내고 음행하지 말며 다른 남자를 따르지 말라 나도 네게 그리하리라 하였노라

4:12 내 백성이 나무에게 묻고 그 막대기는 그들에게 고하나니 이는 그들이 음란한 마음에 미혹되어 하나님을 버리고 음행하였음이니라

시편 119편 121-144절 | 말씀을 사모하는 시인의 노력

119:123 내 눈이 주의 구원과 주의 의로운 말씀을 사모하기에 피곤하니이다

119:142 주의 의는 영원한 의요 주의 율법은 진리로소이다

119:143 환난과 우환이 내게 미쳤으나 주의 계명은 나의 즐거움이니이다

119:144 주의 증거들은 영원히 의로우시니 나로 하여금 깨닫게 하사 살게 하소서

말씀연결 중심내용

왕하 11-12 제사장 여호야다는 유다 여왕 아달랴를 죽이고, 이스라엘 백성과 하나님 사이에 언약을 맺게 합니다. 또한 온 백성과 함께 바알의 신전을 허물고 제단을 뒤엎고, 신상을 부수어버립니다. **이방 신전을 없애는 여호야다의 노력**을 통해 온 성이 평온해졌습니다.

딤후 2 **디모데를 온전한 사역자로 세우려는 바울의 노력**이 보입니다. 디모데는 은혜 가운데 강해야 합니다. 바울에게 배운 것을 충성된 사람들에게 가르치고 그들이 또 다른 사람들에게 가르치게 해야 합니다. 자기 생활에 얽매이지 않는 그리스도의 군사로서 바울과 함께 고난을 받아야 합니다. 끝으로 진리의 말씀을 옳게 분별해야 합니다.

호 3-4 이스라엘이 다른 신을 섬겨도 하나님께서는 이스라엘을 사랑하십니다. 이 사실을 호세아를 통해서 알게 하실 것입니다. 호세아는 음행한 여인을 대가를 주고 사 옵니다. 그리고는 나와 함께 지내고 다른 남자를 따르지 말라고 말합니다. **이스라엘을 돌이키려는 하나님과 호세아의 노력**을 볼 수 있습니다.

시 119:121-144 시인에게 있어서 주의 말씀은 진리입니다. 삶에 환난과 우환이 닥쳐와도 주의 말씀을 즐거움으로 삼습니다. 그러나 늘 환경이 준비되어서 말씀을 볼 수 있는 것은 아닙니다. 바쁘고, 곤고할 때는 말씀을 보기 어렵습니다. 시인은 주의 의로운 말씀을 사모하기에 피곤하다고 고백합니다. 이 구절은 **말씀을 사모하는 시인의 노력**을 볼 수 있습니다.

말씀묵상

노력은 목적을 이루기 위해 몸과 마음을 다하여 애쓰는 것을 의미합니다. 제사장 여호야다는 이방 신전을 없애기 위해 노력했습니다. 바울은 디모데를 다음 세대 리더로 세우기 위해 노력합니다. 하나님의 마음을 아는 호세아는 이스라엘을 하나님께로 돌이키기 위해 노력합니다. 시편 기자는 말씀을 가까이하기 위해 노력합니다. 이 모든 노력은 참 아름답고 귀한 노력들입니다. 오늘 당신은 어떤 노력을 할 계획입니까?

말씀적용 오늘의 감사

말씀적용

오늘의 감사

믿음으로 감사

소망으로 감사

사랑으로 감사

말씀배경 지식

옳게 분별하며 (딤후 2:15)

명장(明匠)이 연장을 다루듯이 '올바르게 다루어'를 뜻한다. 디모데는 헛된 일들을 피하고 견고한 기초의 표시를 기억하며 올바른 행실로 하나님의 말씀에 따라 나아갔다.

말씀암송

시 119:123 내 눈이 주의 ☐☐과 주의 의로운 ☐☐을 ☐☐하기에 피곤하니이다

말씀기도

❶ 내 신앙생활에서 하나님보다 세상을 의지하는 이방 신전은 없는지 돌아보게 하옵소서.

❷ 이 땅에 많은 크리스천이 있지만 그중에서도 주님의 제자들이 계속해서 세워지기 원합니다.

❸ 말씀을 읽는 것이 피곤할 때가 있지만 계속해서 주의 말씀을 가까이하게 하옵소서.

304 일차 365

잘못된 사랑

맥체인성경365
1726p

10월 31일

열왕기하 13장 | 디모데후서 3장 | 호세아 5-6장 | 시 119편 145-176절

열왕기하 13장 | 요아스의 잘못된 사랑

13:10 유다의 왕 요아스의 제삼십칠 년에 여호아하스의 아들 요아스가 사마리아
에서 이스라엘 왕이 되어 십육 년간 다스리며

13:11 여호와께서 보시기에 악을 행하여 이스라엘에게 범죄하게 한 느밧의 아들
여로보암의 모든 죄에서 떠나지 아니하고 그 가운데 행하였더라

13:14 엘리사가 죽을 병이 들매 이스라엘의 왕 요아스가 그에게로 내려와 자기
의 얼굴에 눈물을 흘리며 이르되 내 아버지여 내 아버지여 이스라엘의 병거와 마
병이여 하매

13:17 이르되 동쪽 창을 여소서 하여 곧 열매 엘리사가 이르되 쏘소서 하는지라
곧 쏘매 엘리사가 이르되 이는 여호와를 위한 구원의 화살 곧 아람에 대한 구원
의 화살이니 왕이 아람 사람을 멸절하도록 아벡에서 치리이다 하니라

디모데후서 3장 | 말세에 나타날 잘못된 사랑

3:1 너는 이것을 알라 말세에 고통하는 때가 이르러

3:2 사람들이 자기를 사랑하며 돈을 사랑하며 자랑하며 교만하며 비방하며 부모
를 거역하며 감사하지 아니하며 거룩하지 아니하며

3:3 무정하며 원통함을 풀지 아니하며 모함하며 절제하지 못하며 사나우며 선한
것을 좋아하지 아니하며

3:4 배신하며 조급하며 자만하며 쾌락을 사랑하기를 하나님 사랑하는 것보다 더
하며

3:5 경건의 모양은 있으나 경건의 능력은 부인하니 이같은 자들에게서 네가 돌
아서라

오늘의 찬양 | 찬송가 299장 (하나님 사랑은)

하나님 사랑은 온전한 참 사랑 내 맘에 부어 주시사 충만케 하소서

호세아 5-6장 | 이스라엘 백성의 잘못된 사랑

5:3 에브라임은 내가 알고 이스라엘은 내게 숨기지 못하나니 에브라임아 이제 네가 음행하였고 이스라엘이 더러워졌느니라

5:4 그들의 행위가 그들로 자기 하나님에게 돌아가지 못하게 하나니 이는 음란한 마음이 그 속에 있어 여호와를 알지 못하는 까닭이라

6:1 오라 우리가 여호와께로 돌아가자 여호와께서 우리를 찢으셨으나 도로 낫게 하실 것이요 우리를 치셨으나 싸매어 주실 것임이라

6:6 나는 인애를 원하고 제사를 원하지 아니하며 번제보다 하나님을 아는 것을 원하노라

시 119편 145-176절 | 악인들의 잘못된 사랑

119:150 악을 따르는 자들이 가까이 왔사오니 그들은 주의 법에서 머니이다

119:155 구원이 악인들에게서 멀어짐은 그들이 주의 율례들을 구하지 아니함이니이다

119:157 나를 핍박하는 자들과 나의 대적들이 많으나 나는 주의 증거들에서 떠나지 아니하였나이다

119:158 주의 말씀을 지키지 아니하는 거짓된 자들을 내가 보고 슬퍼하였나이다

말씀연결 중심내용

왕하 13 유다 왕 요아스는 여호와 보시기에 악을 행한 왕입니다. 그럼에도 엘리사 선지자가 죽게 되니 눈물을 흘리며 슬퍼합니다. 하나님을 따르고자 하는 마음보다 엘리사의 능력을 자신의 왕위를 유지하는데 사용하고 싶었던 것입니다. **요아스는 건강하지 않은 잘못된 사랑**을 보이고 있습니다.

딤후 3 **말세에 나타날 잘못된 사랑**을 나열하고 있습니다. 사람들이 자기를 사랑하고, 돈을 사랑하며 사랑의 대상인 부모를 거역할 것입니다. 무정하며 사나우며, 선한 것을 좋아하지 않을 것입니다. 쾌락을 사랑하기를 하나님 사랑하는 것보다 더 할 것입니다. 주님을 온전히 믿는 자라면 이 같은 자들에게서 돌아서야 합니다.

호 5-6 이스라엘 백성은 하나님보다 이방 신을 사랑했습니다. 사랑의 대상이 잘못된 것입니다. 한편 하나님을 섬긴다고 하는 사람들도 제사와 번제 등의 종교의식은 잘 지켰으나 하나님 사랑하지 않았습니다. **이스라엘 백성은 대상과 방법에서 잘못된 사랑**을 실천한 것입니다.

시 119:145-176 시인은 말씀을 사랑하기에 말씀대로 살아가고자 노력합니다. 하지만 악인들은 주의 법에서 멀어져 있습니다. 주의 율례를 구하지 않기에 구원에서도 멀어져 있습니다. 이웃을 사랑하라 하셨지만 시인을 핍박합니다. 하나님을 믿는다 하면서도 주의 말씀을 지키지 않는 거짓됨을 보이고 있습니다. **악인들은 말씀에 대한 잘못된 사랑**을 실천하고 있습니다.

말씀묵상

요아스는 잘못된 사랑으로, 자신의 이득을 위해 능력 많은 엘리사 선지자를 의지했습니다. 말세에는 사람들이 자기를 사랑하고 돈을 사랑하며 쾌락을 사랑하기를 하나님보다 더 사랑합니다. 이스라엘 백성들은 대상과 방법 면에서 잘못된 사랑을 실천하고 있습니다. 악인들은 하나님을 믿는다 하면서도 주의 말씀을 지키지 않는 잘못된 사랑을 보이고 있습니다.

말씀적용 오늘의 감사

말씀적용

오늘의 감사

믿음으로 감사

소망으로 감사

사랑으로 감사

말씀암송

호 6:6 나는 [ ][ ]를 원하고 제사를 원하지 아니하며 번제보다 [ ][ ][ ][ ] [ ][ ] [ ]을 원하노라

말씀기도

❶ 나의 이득을 위해 하나님의 사역자를 이용하지 않게 하옵소서.
❷ 경건의 모양은 있으나 경건의 능력은 부인하는 자가 되지 않게 하옵소서.
❸ 하나님을 믿는다고 하면서도 말씀을 지키지 않는 거짓된 모습에서 멀어지게 하옵소서.

말씀배경 지식

오라 우리가 여호와께로 돌아가자 (호 6:1)

이 말속에는 이스라엘이 하나님을 떠나 우상숭배를 범하였음을 인정하는 자백의 요소가 저변에 깔려있다. 심판하기 위해 찢으신 하나님은 자비로 낫게 해줄 수도 있는 분이라고 이스라엘 백성은 기대를 한 것이다. 이스라엘의 상처는 애굽이나 앗수르에 의해서는 치료될 수가 없었다. 오직 하나님께서만이 상처 입은 이스라엘에 새로운 생명을 가져다 줄 수가 있다.

맥체인성경 정독에 참고할 자료

● 도서

1. 『영감 넘치는 맥체인 성경읽기』 (로고스성경사역원)
2. 『영감 넘치는 맥체인 성경읽기 워크북(훈련교재)』 (로고스성경사역원)
3. 『맥체인성경읽기방법 성경 이렇게 읽읍시다』(부흥과 개혁사)
4. 『로버트 맥체인 회고록』(부흥과개혁사)
5. 『로버트 맥체인과 떠나는 여행』(부흥과 개혁사)
6. 『로버트 맥체인』(지평서원)
7. 『로버트 머리 맥체인: 하나님의 사람들』(양무리서원)
8. 『거룩을 갈망한 작은 예수 로버트 맥체인』(넥서스크로스)
9. 『로버트 M, 맥체인의 생애』(CLC)
10. 로버트 맥체인 설교집 『마태복음』,『마가복음』,『로마서』(그책의 사람들)
11. 『맥체인성경365 통독묵상 가이드』 (선교횃불)
12. 『맥체인 통독 맥잡기1, 2, 3, 4, 5, 6』 (선교횃불)
13. 맥체인정독 길라잡이(선교횃불)
14. 맥체인큐티(선교횃불)
15. 맥체인성경 365(선교횃불)
16. 맥체인성경 2면4책(선교횃불) 근간예정
17. 『맥체인 성경 읽기 해설 1, 2, 3, 4』 (세움북스)

● SNS 참조

페이스북 : https://www.facebook.com/profile.php?id=100006657647442
네이버 블로그 : https://blog.naver.com/missiontorch
네이버 까페 : https://cafe.naver.com/jesuslovezone
다음 까페 : http://cafe.daum.net/missiontorch
유튜브 : 맥체인성경세미나

● 맥체인성경 통독 웹사이트

드라마 바이블 : https://dramabible.org
갓피플 성경통독 어플 http://www.godpeople.com/?GO=mobile_detail&appid=93
성경타자통독 : https://bible.ctm.kr/

● 오디오 성경

Hi-Fi 로고스 맥체인 전자성경

MQ

맥체인큐티(12-10)

발 행 인 김수곤

편집위원 유동효 임건혁 정현기 김종인

디 자 인 디자인이츠

등록한날 2020년 8월 26일

등록번호 송파, 라00228

발행한곳 선교횃불

등록주소 송파구 백제고분로 27길 12(삼전동)

전 화 (02) 2203-2739

팩 스 (02) 2203-2738

이 메 일 ccm2you@gmail.com

홈페이지 www.ccm2u.com

발 행 일 2020년 10월 1일

인 쇄 처 한빛인쇄